海水养殖业规模经济发展研究

王大海　著

中国海洋大学出版社
·青岛·

图书在版编目(CIP)数据

海水养殖业规模经济发展研究 / 王大海著. —青岛：中国海洋大学出版社，2014.5

ISBN 978-7-5670-0607-2

Ⅰ.①海… Ⅱ.①王… Ⅲ.①海水养殖—养殖业—经济发展—研究—中国 Ⅳ.①F326.33

中国版本图书馆 CIP 数据核字(2014)第 088719 号

出版发行 中国海洋大学出版社
社　　址 青岛市香港东路 23 号　　**邮政编码** 266071
出 版 人 杨立敏
网　　址 http://www.ouc-press.com
电子信箱 coupljz@126.com
订购电话 0532—82032573(传真)
责任编辑 李建筑　　**电　　话** 0532—85902505
印　　制 日照日报印务中心
版　　次 2014 年 7 月第 1 版
印　　次 2014 年 7 月第 1 次印刷
成品尺寸 160 mm×218 mm
印　　张 15.25
字　　数 200 千
定　　价 29.80 元

序

海洋经济是我国经济发展的战略性领域，海洋渔业产业在海洋经济发展中居于重要地位。在海洋渔业产业中，海水养殖业占有相当大的比重。我国海水养殖业历经30多年的快速发展，取得了令人瞩目的成绩，不仅使我国成为全球养殖业比重超过捕捞业的国家，更重要的是优化了我国海洋渔业的产业结构，使水产业成为丰富城乡居民菜篮子的有效途径。但是粗放经营的发展方式，也给海水养殖业带来了诸多问题，如近海生物资源衰退、环境状况恶化、水产品品质下降、养殖病害并发等，同时，产业发展还存在创新能力后劲不足、技术协同创新能力弱、产业结构协调性不足、养殖技术推广缓慢等制约因素，因此，我国水产养殖业发展到今天，已经进入了转变产业发展方式、推动产业升级、促进海水养殖业现代化和集约化的关键时期。充分利用现代海洋科技成果，改造和提升海水养殖业的产业素质，已经成为实现海水养殖业可持续发展、提升市场竞争力、提高渔业国际化程度的必然选择。实践表明，发展资源节约、环境友好的海水养殖业，进行海水高效健康养殖关键技术创新，对于优化渔业产业结构，促进渔业经济增长方式转变，实现海水养殖业的健康持续发展，具有十分重要的战略意义。依靠现代海洋科技推动海洋渔业产业结构的调整和渔业经济增长方式的转变，实现海水养殖业的可持续发展，一个基本的战略目标就是发展海水养殖业的规模经济、不断提高其规模经济效率。

王大海博士的《海水养殖业规模经济发展研究》一书，是作者在博士论文的基础上进一步深入研究的结晶。作者凭借自己扎实的理论基础和专业技能，运用并融合不同学科的分析与研究方法，进行问题研究和理论创新，得出了一些有价值的研究结论。该书依据规模经济的理论框架，探寻海水养殖业工业化发展路径，提出了海水养殖业发展规模经济与提高规模效率的具体措施，指出以提升海水养殖业发展质量和产业高度为目标，以提升海水养殖业综合效益为根本出发点，以遏制渔业资源衰退和水域养殖环境质量下降趋势为保障，实现渔业经济发展、海洋生态和渔业资源保护的和谐统一。

该书以海水养殖业为研究对象，基于规模经济、产业经济学、产业生态学的相关理论，从养殖要素、养殖模式、养殖过程等方面构建了系统的海水养殖业发展规模经济的理论框架，在分析我国海水养殖业发展现状的基础上，阐述了我国海水养殖业发展规模经济的产业态势，审视了海水养殖业在生物资源养护、生态环境保护、经济效益、技术创新、产业管理等方面存在的问题与不足，实证分析了我国海水养殖业提升规模效率的主要方面，同时根据“四化同步”的基本原则，探寻了海水养殖业工业化发展的逻辑机理与实施路径。在定性分析我国海水养殖业发展规模经济成效的基础上，总结了我国海水养殖业发展规模经济的路径与存在的问题，建立了海水养殖经营规模效率评价指标体系，并运用 DEA 方法定量分析了我国海水养殖规模效率，确定出海水养殖效率最优情况下的规模经济，进而以柯布道格拉斯生产函数为基础，通过 SFA 参数估计模型对海水养殖生产函数进行估计，并分析了海水养殖规模效率差异性产生的原因。同时运用相关统计数据，从海水养殖业的品种结构、养殖面积、养殖产量、养殖产值等方面准确阐述了我国海水养殖业发展概况，总结了海水养殖业发展规模经济取得的主要成就，客观分析了海水养殖业在养殖环境、海洋生态灾害、产业结构、水产品质量等方面存在的问题。

需要指出的是，海水养殖业发展规模经济涉及资源、环境、科技、政策、市场等多方面的因素，产业发展面临的不确定性因素也较多，课题研究本身带有复杂性。同时，海水养殖业规模化发展，在我国沿海地区海洋渔业经济发展的实践中，还有待于进一步展开与推进，课题研究还有赖于实践经验的支持。因此，该书的研究内容存在不足和缺陷在所难免。

希望作者在已有研究成果的基础上进行深入研究，以取得更有深度、更有价值的研究成果。同时希望作者进一步加强相关理论学习与思考，掌握更为科学的科研方法，不断提高科研与学术水平，为我国海洋经济、渔业经济的持续发展贡献自己的智慧和思想成果。

2014 年 6 月 18 日

摘 要

21 世纪我国海水养殖业布局的总的指导思想是实施生态工程养殖战略，促进产业的健康发展。然而，海水养殖业布局具有资源导向性、空间离散性和产业弱质性等农业布局的一般特性，从而使得海洋养殖资源的空间分布具有地域性，这就在一定程度上导致养殖海域附近的生态环境问题的出现。因此，运用现代生物学理论和生物与工程技术，协调好养殖生物与养殖环境的关系，最终实现海水养殖产业的可持续发展，成为理论界与实务界关注的重要议题。

本课题以海水养殖业为研究对象，基于规模经济、产业经济学、产业生态学的相关理论，在分析我国海水养殖业发展起点的基础上，阐述近年来海水养殖业发展规模经济的产业态势，审视海水养殖业在生物资源养护、生态环境保护、经济效益、技术创新、产业管理方面存在的问题与不足，根据“四化同步”的基本原则，探寻海水养殖业工业化发展的逻辑机理，提出发展规模经济以及提高规模效率的具体对策。

海水养殖业发展规模经济的理论分析是研究得以展开的基础。在介绍海水养殖业的内涵与产业发展要素基础上，结合我国发展现代海水养殖业的现实意义，指出现代海水养殖业是海水养殖业产业升级的具体方向，而发展规模经济是海水养殖业实现上述目标的必然路径。可持续发展理论、产业生态理论、产业关联理论、产业结构理论是海水养殖业发展规模经济的理论依据。理论上，海水养殖业发展规模经济的模式主要包括工厂化养殖、海水网箱养殖、海水池塘养殖、浅海筏式养殖、浅海底播养殖。海水养殖业的发展涉及环境、资源、市场、科技、投资、政策等诸多方面，其发展规模经济必须统筹安排、系统考虑、科学谋划。

改革开放以来，我国海水养殖业取得巨大成就，海水养殖业的品种结构、养殖面积、养殖产量、养殖产值等统计数据，显示了海水养殖业在农业经济发展、改善膳食结构、增加渔民收入、技术进步、调整海洋渔业产业结构等方面的骄人业绩，但同时我国海水养殖业在养殖环境、海洋生态灾害、产业结构、水产品质量等方面存在诸多问题。

他山之石，可以攻玉。从整个世界来看，海水养殖业已经成为满足人类日益增长的优质蛋白质需求的重要途径。渔业发达国家海水养殖业发展规模经济的通行做法是：重视海洋生物资源的养护；以生态保护为核心发展海水养殖业；创新养殖技术提高海水养殖业规模效益；政府的监管与支持不可或缺。这些做法为我国海水养殖业发展规模经济指明了方向：积极推进水域滩涂规划和养殖规划制订工作；强化政府对海水养殖业发展规模经济的公共服务职能；整合科研资源，为海水养殖业发展规模经济提供技术支撑；有针对性地开展渔业资源增殖放流活动。

长期以来，我国海水养殖业积极开展规模经济的探索：开始重视海洋渔业资源与生态环境养护方面的产业发展；通过培育优良品种推进海水养殖业规模化发展；不断完善、创新养殖模式，提高海水养殖业规模效益；充分发挥科技在海水养殖业规模经营中的技术支撑作用；防治病害，降低海水养殖业规模经营风险；养殖机械化、数字化成为海水养殖业规模经营的新动力。但我国海水养殖业发展规模经济在经济效益、良种培育、养殖方式、病害防治、养殖机械化数字化方面存在诸多问题，影响了海水养殖业的高端发展。

规模效率分析能够正确评判我国海水养殖业的规模效益。在介绍DEA方法基本原理的基础上，构建我国海水养殖规模效率模型，建立海水养殖经营规模效率评价指标体系，选取变量，进行数据处理，最后运用DEA方法实证分析我国海水养殖规模效率。结果表明，海水养殖技术水平过低是导致我国当前海水养殖规模差异的主要原因。短期来看，我国海水养殖业应适度规模经营，着重提升海水养殖技术水平，改善资本、鱼苗、海水养殖面积规模的生产效率。从长远来说，应当实现海水养殖业从劳动密集型向资本和技术密集型产业的转变，提升海水养殖的规模效率，实现规模经济。

产业生态化、装备工程化、技术现代化、生产工厂化、管理工业化是我国海水养殖业发展规模经济的未来方向，与之相应，工业化养殖就成为当前我国海水养殖业发展规模经济的必然选择，其基本思路是：以市场化理念引领海水养殖业工业化发展的全过程；以持续的技术创新支撑海水养殖工业化发展的整个流程；以完善的组织管理制度降低海水养殖业工业化发展的运营费用；以标准化规范海水养殖业工业化的整个过程；以机械化作为海水养殖业工业化发展的重要引擎。

因此，我国海水养殖业发展规模经济以及提高规模效率的具体对策是：首先，产业化运营是推进海水养殖业发展规模经济的首要措施，实施标准化生产、品牌化经营、系列化加工、工业化管理、社会化服务。其次，以技术创新促进海水养殖业发展规模经济的可持续性。第三，完善金融服务体系，为海水养殖业发展规模经济提供稳定的资金来源。第四，运用工业经营管理理念，提高海水养殖业规模效率。海水养殖业发展规模经济是系统工程，不可一蹴而就，需要相应的配套措施，具体包括：重视政府在海水养殖业发展规模经济进程中的协调与规制作用；以保护—开发—利用海洋生态系统为原则，优化养殖模式；以科技成果转化夯实海水养殖业发展规模经济的技术支撑；大力发展水产品加工和流通业，提升规模效益。

Abstract

The general guiding ideology in twenty-first Century China's mariculture layout is the implementation of ecological engineering breeding strategy, to promote the healthy development of industry. However, the general characteristics of marine aquaculture industry layout has the resources oriented, discrete space and weak industries such as agricultural layout, so that the marine aquaculture resource space with regional distribution, to a certain extent it leads to the problems of ecological environment in the vicinity of the mariculture areas. Therefore, how to use modern biology and biotechnology and engineering technology, coordination of the relationship between aquaculture and aquaculture environment, achieve the sustainable development of aquaculture industry, has become an important issue of concern in theory and in practice.

This topic takes marine aquaculture as the research object, based on the basis of the theory of industrial ecology, economy of scale, industrial economics. On the premise of the development of marine aquaculture in our country, analysis the industry trend of aquaculture development of scale economy in recent years, survey the problems on the conservation of the living marine resources, ecological and environmental protection economic benefit, technological innovation, industrial management aspects of mariculture industry, according to the basic principle of the four modernizations synchronization, explore the logical mechanism of aquaculture industrialization development and implementation path.

Theoretical analysis of aquaculture development of scale economy is the basic research to. On the connotation of the mariculture industry and industrial development, on the basis of elements, practical significance with the development of marine aquaculture in our country, and Points out that the modern aquaculture is the specific direction of aquaculture industry upgrading, and the development of scale economy is an inevitable path to achieve the goal of mariculture. Theory of industrial ecology, industrial relationship theory, and industrial structure theory is the theoretical basis for aquaculture development of scale economy. In theory, marine aquaculture industry scale economy pattern includes aquaculture, marine cage aquaculture, mariculture, offshore raft cultivation, shallow seabed sowing breeding. The development of mariculture involving the environment, resources, market, technology, investment, policy and other aspects, the development of economy of scale must co-ordinate arrangements, system consideration, scientific planning.

Since the reform and opening up, the sea farming industry in China has made great achievements, variety structure, area of cultivation, aquaculture production, aquaculture production statistics of mariculture, shows the mariculture industry in agricultural economic development, improve dietary structure, increase the income of fishermen, technological progress, adjust the industrial structure of marine fishery and other aspects of the impressive performance, but at the same time China's mariculture in aquaculture environment, marine disasters, industrial structure, water quality problems.

By other's faults, wise men correct their own. From the point of the whole world, aquaculture has become an important way to meet the demand of high quality protein of human growing. A common practice in developed countries aquaculture fisheries development of scale economy is: the importance of marine biological resources conservation; ecological protection is the core of development of mariculture mariculture; improving scale benefit innovation culture; indispensable supervision and support of the government. These practices have pointed out the direction of China's marine aquaculture industry economies of scale: actively promote the waters and tidal land planning and culture planning work; strengthen the government public service function of Mariculture Development of scale economy; the integration of scientific research resources, providing technical support for the marine aquaculture industry economies of scale; to carry out targeted fishery resource enhancement activities.

Since the reform and opening up, China's mariculture actively explore the economies of scale: our country begins to pay attention to aspects of marine fishery resources and ecological and environmental conservation industry development; through the breeding of varieties to promote aquaculture development in scale; continuous improvement, innovation culture mode, improve aquaculture scale benefit; give full play to the role of technology in aquaculture scale management supporting role in disease prevention and control; reduce the aquaculture scale operation risk; farming mechanization, digitalization has become the new power sea farming scale management. But there are major problems in economic benefits, seed cultivation, breeding, disease prevention, farming mechanization of Digital China's Mariculture Development of scale economy, affected the development of mariculture high-end.

To correctly judge the seawater aquaculture scale benefits analysis scale efficiency. This paper introduces the basic theory of DEA method, constructing the mariculture scale efficiency model of our country, establish the mariculture management scale efficiency evaluation index system, variables selection, data processing, and finally the use of DEA method to analyze the efficiency of China's mariculture, determined the mariculture optimal efficiency scale. The results show that, the low level of aquaculture technology is the main cause of our current aquaculture scale difference. The short term, China's mariculture should moderate scale management, focus on improving the technical level of aquaculture, improve capital, fry, mariculture area scale production efficiency. In the long run, change should implement the mariculture from labor-intensive to capital and technology intensive industries, promote aquaculture scale efficiency, achieve economies of scale.

Ecological industry, equipment engineering, technology modernization, factory production, management industrialization is China's Mariculture Development of economy of scale in the future direction, and accordingly, industrial farming has become the inevitable choice of current China's Mariculture Development of scale economy, the basic idea is: the whole process of leading aquaculture industrialization development to the market idea; to continuous innovation to support the whole process of the development of aquaculture industry; to perfect organization management system to reduce the aquaculture industrialization operation cost; the whole process to standardization of aquaculture industrialization; mechanization as an important engine of aquaculture industrialization development.

Therefore, China's Mariculture Development of economy of scale and specific measures to improve the scale efficiency is: industrialization to promote primary measures of aquaculture development of scale economy: standardized production, brand management, a series of processing, industrial management, social service. Secondly, sustainable aquaculture development of economies of scale to promote technological innovation. Third, improve the financial service system; provide a stable source of funding for the aquaculture development of economy of scale. Fourth, the use of industrial management concept, improve aquaculture scale efficiency. Marine aquaculture industry economies of scale is a system engineering, not accomplish at one stroke, supporting measures, the corresponding specific include: attach importance to the role of government in the coordination and regulation of marine aquaculture industry economies of scale in the process of development and utilization; in order to protect the marine ecological system principle, optimization of culture model; technical support to the transformation of scientific and technological achievements for aquaculture development economies of scale; to develop aquatic product processing and circulation, enhance economies of scale.

目 录

第一章　导　论 …………………………………………………… 1
第一节　研究的背景与目的 ………………………………… 1
第二节　国内外研究现状与发展动态 ……………………… 7
第三节　主要内容与研究方法 ……………………………… 19
第四节　研究的创新之处 …………………………………… 22

第二章　海水养殖业发展规模经济的理论分析 ……………… 24
第一节　海水养殖业的内涵与产业发展要素 ……………… 24
第二节　规模经济与海水养殖业发展 ……………………… 47
第三节　海水养殖业发展规模经济的理论依据 …………… 54
第四节　海水养殖业发展规模经济的模式 ………………… 60

第三章　我国海水养殖业发展的概况与成效 ………………… 70
第一节　我国海水养殖业发展概况 ………………………… 71
第二节　我国海水养殖业取得的主要成就 ………………… 82
第三节　我国海水养殖业存在的问题 ……………………… 89

第四章　海水养殖业发展规模经济的国际经验借鉴 ………… 100
第一节　世界海水养殖业发展现状 ………………………… 100
第二节　发达渔业国家海水养殖业发展规模经济的通行做法 ……………………………………………………… 103

第三节　经验借鉴 …………………………………… 115

第五章　我国海水养殖业规模经济的发展与存在的问题 …… 119
第一节　开始重视海洋渔业资源与生态环境养护方面的产业发展 …………………………………… 119
第二节　培育优良品种，推进海水养殖业规模化发展 … 126
第三节　不断完善、创新养殖模式，提高海水养殖业规模效益 …………………………………… 128
第四节　充分发挥科技在海水养殖业规模经营中的技术支撑作用 …………………………………… 135
第五节　防治病害，降低海水养殖业规模经营风险 …… 138
第六节　养殖机械化、数字化成为海水养殖业规模经营的新动力 …………………………………… 142
第七节　我国海水养殖业发展规模经济存在的主要问题 …………………………………… 144

第六章　我国海水养殖业规模效率的实证分析 ………… 154
第一节　我国海水养殖业规模效率评价的模型构建 …… 154
第二节　海水养殖业经营规模效率评价指标体系 ……… 160
第三节　基于 DEA 方法的海水养殖业规模效率实证研究 …………………………………… 164
第四节　海水养殖规模效率差异性原因分析 ………… 171

第七章　我国海水养殖业提高规模经济效益的路径：工业化养殖 …………………………………… 174
第一节　海水养殖业发展规模经济的方向预测 ……… 174
第二节　工业化养殖是发展规模经济的必然选择 …… 176

第八章　我国海水养殖业发展规模经济及提高规模效率的对策 …… 183

第一节　通过产业化运营，深化海水养殖业专业化分工，发展规模经济 …… 183

第二节　以技术创新促进海水养殖业发展规模经济的可持续性 …… 191

第三节　完善金融服务体系，为海水养殖业发展规模经济提供稳定的资金来源 …… 194

第四节　运用工业经营管理理念，提高海水养殖业规模效率 …… 196

第五节　配套措施 …… 198

参考文献 …… 206

后　记 …… 219

第一章　导　论

第一节　研究的背景与目的

一、研究的背景

1. 海水养殖业的规模化发展成为满足日益增长的海水产品需求的根本保障

食品安全问题是任何国家都非常关心的重要问题。作为人口大国的中国也不例外。随着我国工业化和城镇化的快速发展，适宜耕作土地问题、淡水资源短缺、自然灾害频发等对食品安全提出这样或者那样的挑战。在国际上，食品的来源是多渠道的，不仅仅来源于我们中国人常说的植物性的“粮食”，还包括动物的肉蛋奶、水产品等植物性粮食之外的重要物品。其中，海水产品因其高营养、低脂肪逐渐成为人类健康食物来源中优质、安全的重要渠道。

实践中，海水产品一般可以通过捕捞与养殖两种途径获得。海水捕捞是对海洋天然水产品的初级利用，但其发展受制于自然环境的优劣与海洋生物资源的丰富程度。随着海洋中生物资源的过度开发和盲目利用，海洋环境污染加剧，海洋灾害发生频率提高，海洋生物多样性遭受威胁，海洋中可供捕捞的渔业资源愈来愈少。而借助于海域资源、通过人工劳动主动获得水产品的海水养殖业逐渐成为长期满足人类持续增长的优质天然海水产品需求的重要途径。实践中，海水养殖业已经成为许多国家对食物安全、经济发展、产业结构调整、贸易平衡作出重要贡献的产业。美国环境经济学家 Lester R. Brown 曾在 1994 年发出“谁来养活中国人”的惊世疑问，但在 2008 年他又指出水产养殖是当代中国对世界的两大贡献之一，指出世界还没有充分意识到这件事情的伟大意义，水产养殖每年提供 3 600 万吨优质蛋白质食品，这是世界上最有效率的食物生产技术。Daniel Cressey 在 2009 年 3 月第 458 卷的英国《自然》杂志上撰文“未来的鱼”，认为“要满足日益增长对水产品的要求，除了养殖，别无他途”。2014 年 2 月，世界银行、世界粮农组织和国际粮食政策研究所共同发布的《2030 年渔业与水产养殖业前景报告》指出，随着第三世界国家中产阶层的兴起以及全球捕鱼量的减少，到 2030 年，全球 2/3 的食用鱼将来自于水产养殖业。

我国海洋生物种类繁多，是世界上生物多样性特别丰富的 12 个国家之一。海洋中约有 20 万种生物，其中已知鱼类约有 1.9 万种，甲壳类约有 2 万种。据统计，若以浮游植物年产量为基础估算世界海洋渔业资源量，世界海洋浮游植物产量可以达到 5 000 亿吨，折合成鱼类年产量约 6 亿吨。作为世界水产品生产大国的中国，多年来水产养殖产量占全球总产量的 70%以上，接近 20 年居于世界首位，对外贸易占我国农产品出口净收入的 50%以上，出口额连续多年居大宗农产品首位，为我国农业发展作出卓越贡献。2013 年我国海水养殖产量达到 1 551 万吨，在世界主要渔业生产国中，多年来一直是唯一海水养殖产量超过海洋捕捞产量的国家。其中，海水养殖占全国海水产品总产量的 53.35%，占世界海水养殖总量的 80%。据测算，到 2020 年我国海水产品的需求将达到 4 000万吨/年。根据我国的政策和海洋渔业资源状况，海洋捕捞产量将长期维持零增长。为满足每年 4 000 万吨水产品的需求量，到 2020 年，海水养殖年产量必须翻一番。为了达到这一目标，需要海水养殖业在技术升级实现规模化养殖，即发展规模经济。

2.资源与环境的约束要求海水养殖业发展恪守生态文明规范

当前,海洋水产业大都面临着生态环境恶化、资源衰退的发展局限,各国广泛关注海洋渔业的生态安全和行业管理。21世纪以来,我国海水养殖业的迅速发展,但盲目扩大规模和投入的负面效应也逐渐显现,比较典型的就是养殖生态环境的日趋恶化,以及由此引发的生物物种多样性、海洋旅游业等方面的消极影响,生态环境污染不仅制约了我国海水养殖业的健康发展,同时也对养殖区及其毗邻海域的生态环境产生了消极影响。

除水质污染外,养殖自身的病害问题也成为影响海水养殖产业健康发展的一大障碍,两者之间有内在的关联关系。从客观方面来看,随着海水养殖规模的不断扩张,在养殖集约化程度不断提高的同时,养殖水域环境的生化、物化条件发生这样或那样的变化。若这时候养殖品种自身的一些抗逆性出现下降的趋势,病害的发生就成为事实。这一可能性在全球范围内海水养殖业的实践中已被证实,当海水养殖业发展到一定阶段时,这种可能性就演变成必然性。从养殖业自身的产业态势来看,养殖结构、内在物种布局的不合理,局部养殖规模超出生态环境的承载力,养殖设施没有及时更新,养殖模式没有进行科学调整,养殖过程中的日常管理不科学,投喂的饲料劣质、过期或者过量,追求短期效益等,都有可能导致水质污染出现,从而加剧养殖病害的发生,进而影响海水养殖业的健康发展。

国际上,许多国家的渔业管理已步入基于生态文明的渔业管理阶段,如英国、澳大利亚、日本等国,政府通过实施渔业确权、发放许可证和规模限定等措施,强化对水域资源和海洋生产力的综合利用。1976年,美国政府将单纯的生产型海水养殖业转变为管理型海水养殖业,也就是要求海水养殖业不仅要满足人类消费的需要,更要重视资源与环境保护。1981年,美国政府进一步将资源与环境管理转变为对从业者的生产经营活动规范的管理,组成了由政府官员、科学家、渔民与其他从业人员参加的联合行动组织，要求人类养殖活动以保护海洋生物资源为前提共同参与渔业管理。近年来，围绕渔业生产和环境安全主题，国际上每年都要召开有关渔业管理和养殖环境保护的会议，试图通过对全球现有渔业生产、经营管理模式的研究与讨论，倡导用复合生态系统的观点来指导海水养殖业的发展，试图在保养殖生态环境的同时，促进海水养殖业的可持续发展。2009年，欧盟委员会发布了“未来欧盟水产养殖战略”(Strategy for the future of European aquaculture)白皮书，指出欧盟水产养殖的目标是发展更为有竞争力的和环境友好的水产养殖产业，提出了海水养殖可持续发展的战略，包括：通过新养殖种类和品质的研发，以提高养殖产量；通过大力发展封闭式循环水系统、远岸网箱养殖技术、远岸贝类筏式养殖技术，以提高空间的利用率。同时，浅海生态系统受人类活动的压力日趋严重，在进行海岸带综合管理时，必须考虑水产养殖；通过官方优质产品标志的广泛、频繁的使用，以及宣传力度的加大，促进市场开发、市场营销；保证产品的安全，修订食品安全法，着重强调公众的健康意识，尤其是加强抗生素及二恶英的监管，加强有毒藻赤潮、病害等方面的研究，尽快解决鱼类养殖过程中的海虱问题；开展动物福利研究；减轻养殖对环境的压力，包括减轻粪便、残饵及氨氮等代谢产物的环境压力，养殖对自然生物资源的压力等；加强海水养殖技术的研发。

在党的十七大报告中，首次把“生态文明”这一理念写进党的行动纲领。党的十八大报告提出：“把生态文明建设放在突出地位，融入经济建设、政治建设、文化建设、社会建设各方面和全过程，努力建设美丽中国，实现中华民族永续发展。”2013年中央1号文件再次把农村生态文明建设作为一项重要内容。

我国海水养殖业历经30多年的快速发展，也面临着近海生物资源衰退、环境状况恶化、水产品品质下降、养殖病害并发、渔业区域亟待拓展等问题，产业发展存在创新能力后劲不足、技术协同创新能力弱、产业结构协调性不足、养殖技术推广缓慢等制约因素，不能满足拓展海洋农业区域、优化产业结构、合理利用资源、保障清洁生产、修复资源环境、提供优质产品、健康持续发展等战略目标现实需要。众所周知，21 世纪将是全面开发和利用海洋资源的新纪元，合理开发利用海域资源已经成为解决资源短缺、人口增长、环境恶化的重要路径。因此，我国海水养殖业将全面进入结构转型期，走资源节约、环境友好、优质高效、有区域特色的现代化道路。与之相应的海水养殖业应该是合乎生态文明要求的现代海水养殖业。而现代海水养殖业的发展迫切需要新技术、养殖新模式的支撑，因此，产业科技创新迫在眉睫。

基于生态文明的现代海水养殖业可能无法完全解决当前养殖生产中的所有问题，但在保护海洋生态环境和保障水产业可持续发展方面，无疑会发挥极其重要的作用。基于生态文明的现代海水养殖业发展将考虑生物、经济、社会等多方面的因素，理论研究和实施过程具有多变性、开放性和不确定性等特征，容易引发多种风险，如水域生态系统的自然风险、产业系统的市场风险和沿海地区的社会风险，需要政府对生态系统各组成部分进行协调管理。因此，海岸带综合治理的管理模式已经在国际上获得认可，其优势在于克服以往的海洋环境管理过于分散的矛盾与弊端，以便更科学地制定海洋管理方面的政策与制度，期望有效提高政府的治理能力。

3. 现代化、集约化经营已经成为海水养殖业纵深发展不可逆转的趋势

几十年来，我国海水养殖业取得令世人瞩目的成绩，不仅是我国成为全球养殖业比重超过捕捞业的国家，更重要的是优化了我国海洋渔业的产业结构，使水产业成为丰富城乡居民“菜篮子”的有效途径，而且通过产业发展，有效地提高养殖业户的收入水平。

但粗放经营的发展方式，也对海水养殖业带来了恶化养殖环境、水产品质量安全缺乏保障等负面效应。因此，我国水产养殖业发展至今，已经进入了转变产业发展方式，产业升级，促进海水养殖业现代化、集约化的关键时期。

从产业发展的趋势来看，水产品作为人类不可或缺的动物蛋白来源的地位日益巩固，且渔业的功能和作用在迅速拓展。世界渔业已进入管理与发展并重、且以管理为主线的时代。一方面，对自然水生生物资源和渔业水域环境的养护已成为海水养殖业发展的必要前提，另一方面，水产品质安全、生态安全已成为全社会所关注的热点问题。因此，充分利用现代人类文明的成果，改造和提升海水养殖业的产业素质，成为各国促进本国海水养殖业可持续发展、提升市场竞争力、提高渔业国际化程度的必然选择。从海水产品未来需求量来看，《2030 年渔业与水产养殖业前景报告》称，目前，全球鱼产品总量的 38%用于出口，发展中国家 2/3 的渔业产品出口到了发达国家。中国是全球主要的鱼产品消费快速增长的市场。预计到 2030 年，中国鱼产品消费量将占到全球总消费量的 38%，包括南亚、东南亚、中国和日本在内的亚洲地区鱼产品消费量将占到全球总消费量的 70%；2010～2030 年，撒哈拉以南非洲地区的人均鱼产品消费量预计将减少 1%，但由于同期人口总量增长 2.3%，该地区水产品消费量将提高 30%。面对如此巨大的消费市场与需求量，现代海水养殖业将成为世界渔业的发展方向和主流。

与此同时，我国海洋国土面积达 300 多万平方千米，目前滩涂的利用率只有 20%左右，20 米等深线以内的浅海利用率仅为 0.5%。如何高效开发利用滩涂和浅海资源？如何将海水养殖拓展到 15～40 米等深线之间海域？如何实现海水养殖业增长方式由数量型向质量型转变？这些都成为党的十八大之后，如何在海水养殖业这个重要的领域中贯彻实施海洋发展战略、发展海洋经济的关键议题。

二、研究的目的

鉴于上述背景，发展资源节约、环境友好的海水养殖业具有极其重要的作用，对解决目前市场经济中所遇到的困难，解决渔村改革的层次问题，实现海水养殖业自我发展、自我积累、自我约束、自我调节的良性循环具有重大意义。

开展海水高效健康养殖关键技术创新，优化相关产业结构，促进经济增长方式转变，是海洋渔业与滩涂开发利用产业的核心，是发展海洋经济、推进创新型国家建设的战略需要。

本研究拟在遵循资源节约、环境友好和可持续发展理念基础上，以提升海水养殖业发展质量和产业高度为目标，以提升海水养殖业综合效益为根本出发点，遏制渔业资源衰退和水域养殖环境质量下降的趋势，实现经济、生态和社会效益和谐共赢的海水养殖业的产业态势。因此，本研究的目的是：基于生态文明的现实要求，依据规模经济的理论框架，探寻海水养殖业工业化发展路径，提出海水养殖业发展规模经济与提高规模效率的具体措施，这是确保我国水产品安全供给和渔民持续增收的现实需要，是实现渔业资源可持续利用和海水养殖业健康发展的迫切需要，也是建设社会主义新渔村和构建渔区和谐社会的客观需要。

第二节　国内外研究现状与发展动态

一、国外研究现状与发展动态

1. 关于规模经济的研究

规模经济的古典解释源自经济学鼻祖亚当·斯密（1776）指出

大规模生产有助于产业分工和专业化，而这是提高效率的源泉，其原因在于社会分工降低了劳动转换的时间、提高了个人的熟练程度、提供了劳动者改进工具的可能性，进而提高劳动生产率。因而，规模经济可以在资源既定的基础上，生产更多的社会财富。穆勒(1848)基于斯密的劳动分工理论，从节约生产成本的角度阐述了大规模生产的优点。马歇尔(1890)第一次用“规模经济”的概念并系统地阐述了规模经济理论。斯拉法(1925)分析了规模收益递增与递减的原因。规模收益递增的原因在于资本积累与技术改进，规模收益递减的原因在于土地供给的有限性。科斯(1937)认为企业的规模取决于企业能否承担市场交易成本、企业组织成本。威廉姆森(1985)从效率角度分析企业发展规模经济的重要性，认为规模大的企业可以将资本市场调节资金流量、提供奖惩激励的两项功能内部化。派恩(1993)指出随着科技的进步与企业竞争战略实施，企业在把大规模生产转变为大规模定制前提下，就能实现同时兼容规模经济和范围经济的集成经济。钱德勒(1999)则明确地界定了规模经济的内涵，指出当生产或经销单一产品的单一经营单位因规模扩大而降低了生产或经销的单位成本时，就产生了规模经济。

2. 关于海水养殖业的研究

随着世界范围内水产养殖业成为渔业生产的支柱产业，很多国家将海水养殖业的发展作为国民经济发展的重要部分，将大力发展水产养殖业作为重要的目标。近年来，海水养殖的发展对海洋环境产生了巨大影响。Tenore 等(1973)研究了三种经济贝类(紫贻贝、美国牡蛎和硬壳蛤)的生物性沉积物，发现养殖贝类能够增加底质有机物的沉积，提高了底栖无脊椎动物的生物量。David Lewis(1997)指出孟加拉国现有发展海水养殖业政策对渔民增收作用的有限性。E. Neiland, Neill Soley, Joan Baron Varley, David J. Whitmarsh(2001)认为加强对海水养殖业产业化各个环节管控，注重养殖水域的环境保护，可实现海水养殖业产业化的可持续发展。Joachim Scholderer，Torbjorn Trondsen(2008)通过对挪威水产品需求者消费行为的研究，指出定价和产品开发是海水产品市场质量管理安全性、消费方便性方面现实考量应该重视的主要参数。John Bostock，Brendan McAndrew，Randolph Richards 等(2010)阐述了海水养殖业增大产量需要优化新环境以及提高效率。保护越来越少的资源和提高海水养殖业产业化的政策将会促进海水养殖业的发展。

在海水养殖的可持续发展方面。Smith(2004)认为贝类养殖对环境的影响十分重要。Raillard 和 Ménesguen(1994)通过对法国 Marennes-Oleron 湾的牡蛎放养量研究发现，随着放养量的增加，生长率呈下降趋势。Dame 和 Prins(1997)与 Ferreira 等(1998)分别提出了估算海区养殖容量的 NPZ 模型和盒式模型。Kirkley 等(2003)认为应科学制定海水养殖发展规划，加强对海水养殖业的管理，提升水产养殖效益。Yang 等(2004)提出传统海洋养殖业对海洋生态平衡构成危害，需要改变这种粗放式养殖模式，完善海水养殖业发展规划。Hansen 等(2008)指出应在海洋资源承载力的范围内健康发展海水养殖业。Jacquet 等(2010)认为以需求为导向的海水养殖业规模化发展计划必将威胁海水养殖业的可持续性。

二、国内研究现状与发展动态

1. 关于规模经济的研究

国内研究方面，王旭章(1996)分析了苏南行业规模经济优势；张德茗(1999)认为我国铅锌冶炼产业规模经济水平较低；荣朝和(2001)提出运输业的网络经济由其规模经济和范围经济以及它们的转化形态运输密度经济和幅员经济共同构成，又各有多种表现形式；杨国亮(2005)分析了规模经济、范围经济、集聚经济之间的联系与区别。规模经济主要是指由于横向规模扩大导致单位产品的平均成本的降低；而范围经济是规模经济的拓展，二者的相容性表现为基于核心竞争力的相关多元化；集聚经济则是规模经济的深化：集群内企业横向规模扩大引致规模经济，纵向规模收缩规避规模不经济。刘明辉和徐正刚（2005）认为在我国注册会计师行业，“四大”在大客户市场上表现出明显的规模经济效应，本土事务所则呈现出规模不经济的状态；成刚（2006）从影响中国高校的成本结构的因素分析认为中国高等教育既存在总体规模经济，也存在各种产出的规模经济；叶生洪（2007）探讨了在知识经济条件下，如果市场交易成本和需求刚性约束一定的情况下，企业如何确定最优经济规模；张小民和吴群琪（2008）认为公路规模与经济产出之间具有广义的分形性质及分维数；朱英明（2009）分析了产业集聚所引致的共有集聚经济、城市化与规模经济之间的相关性，认为共有集聚不经济、城市化经济与规模经济的增长显著正相关，共有集聚经济、城市化不经济与规模经济的增长显著负相关。许庆等（2011）实证研究表明，在考虑土地细碎化的影响后，我国粮食生产总体而言规模报酬不变，扩大土地经营规模对单位产量、生产总成本均有显著的负面影响。

2. 关于海水养殖业的研究

（1）海水养殖业发展与环境保护的关系。在总结海水养殖业的成效的同时，理论界开始关注海水养殖业对海洋环境的负面影响，主要的研究成果体现在以下几个方面：首先是海水养殖业的发展造成了海岸和海洋环境污染，董双林等（2000）、杨卫华等（2006）、计新丽等（2000）和宇文青（2008）分别认为海水养殖迅速发展给近岸海域环境和海洋造成了严重污染；其次是海水养殖对环境的影响途径多样化，崔毅等（2005）探讨了投饵和非投饵两种养殖方式自身污染对海洋环境的影响，虽然与人类其他活动向海洋排污量相比，水产养殖的排污量所占比重还不算大，对于某些局部水域，特别是海水养殖密集区，将对海洋环境的影响产生叠加作用；最后是海水养殖业的发展影响了生物多样性，许忠能等(2002)认为水产养殖对养殖海区浮游动植物的种类数目与总个体数均无显著影响，但影响了生物多样性，并对某些浮游生物种类有促进作用或抑制作用。

在海水养殖业可持续发展对策探讨方面，刘丛力、刘世禄(2001)提出：发展集约化养殖提高养殖产量；加快品种改良提高养殖效益；开展健康养殖，控制病害发生；开发优质饲料提高饵料效率。孙娟、杨德利(2011)在分析阻碍海水养殖业可持续发展的因素的基础上，从选择优质饲料与科学的饲养方法、明晰海洋环境资产的所有权、降低包含环境成本在内养殖成本、完善排污收费制度和排污权交易制度等方面提出加强政府干预、完善管理制度的对策。

在基于生态系统的海水养殖管理方式提出之后，人们逐渐发现了海水养殖的环境友好性。齐占会等(2012)从物质量评估和价值量评估两方面对广东省 2009 年贝、藻养殖的碳汇贡献进行了定量评估，发现基于贝、藻养殖的碳汇渔业具有巨大的经济效益、生态效益和社会效益；岳冬冬和王鲁民(2012)分析了 2006～2010 年海水养殖贝类产量与其形成碳汇量的关系，结果表明：我国不同地区和海水养殖贝类品种形成的碳汇量差异较大；海水养殖贝类产量每增加 1 个单位，其碳汇量相应增加 0.092 个单位；李昂等(2013)采用系统综合法对河北省 2010 年海水养殖贝类与藻类的碳汇能力进行评估，发现通过收获海水养殖贝类与藻类可以实现显著的碳汇作用。

学者们进而评价了海水养殖业的生态系统。朱顺乐(2006)针对海水养殖环境决策支持系统的特点与要求，提出了基于 J2EE 规范的海水养殖环境决策支持系统的设计策略和体系结构；蔡惠文等(2009)对国内外养殖环境容量的研究方法以及数值模型在水产养殖环境预测及管理中的应用进行了较为系统的归纳和评述，并对当前养殖环境容量研究中存在的问题及发展趋势进行了分析；蒲新明等(2012)构建了基于指标体系法和层次分析法的海水养殖生态系统健康综合评价的方法与模式，为养殖海域生态系统健康评估和适应性管理提供科学工具；李京梅、郭斌(2012)建立了养殖业生态预警的指标评价体系和评价方法，并使用各个指标的实际观测数据进行初步模拟分析，建议调整我国海水养殖的发展规模、降低海水养殖密度、加强海洋生态环境管理；苏艺等(2012)通过对河北省昌黎县养殖区内监测站位数据的分析，比较了不同密度养殖区水环境因子，评价了大面积的海水养殖给海洋环境带来的影响。

(2)我国海水养殖业发展业态的研究。雷霁霖(2006)曾指出，目前我国海水鱼类养殖产业发展呈现以下特点：传统养殖周期长，规模化养殖开发滞后；养殖理念提升缓慢；消费和营销习俗特殊；投资观念陈旧；工业化和规模化水平较低。

就每个省的情况而言，海水养殖业的发展也是不一样的。车斌(2007)利用投影寻踪模型对我国沿海省份的海水养殖产业竞争力进行综合评价。首先，从海水养殖概况入手，简要介绍了我国海水养殖的基本现状；其次，介绍了投影寻踪模型，该模型应用一般要经过五个步骤；再次，阐述了投影寻踪模型在区域海水养殖产业竞争力综合评价中的应用，并结合评价结果进行了分析；最后得出，沿海养殖各省份中海水养殖竞争力综合能力强弱的顺序依次是山东、福建、辽宁、广东、浙江、江苏、海南、广西、河北、上海和天津。毛振鹏、慕永通(2012)以新制度经济学理论和实地调研为基础，从青岛、汕头两地存在较明显差异的海域使用权属管理、海域使用规划、行业管理、产业转移成本等方面，对地方政府关于海水养殖产业制度安排的演进过程和趋势进行比较，分析地方政府制度安排在不同层次的产业转型中所发挥的作用。李权昆、张岳恒

(2012)指出了广东海水养殖业的发展迅速，空间扩散的特点。孙建富、王一夫、张大鹏(2013)指出了2011年海水渔业主导品种在辽宁海水养殖业利用情况。高学文(2013)分析了山东和辽宁两省的刺参养殖产业发展情况。

在海水养殖业发展问题方面，于晓清等(2010)分析海水养殖业发展对近岸海域的生态环境、微生物生态分布、生物多样性的影响。曾少东(2012)认为，海水养殖用地存在以下问题：一是非法占用海域、擅自从事海水养殖活动破坏和影响了当地土地利用总体规划和城市建设规划，影响了沿海城市发展的系统性与科学性；二是简单、粗放的海水养殖浪费周边的资源，污染周边的环境，不利于海水养殖业的长远发展。

沿海地区发展海水养殖业问题各异，宁岳等(2011)指出了对福建海水养殖业的持续健康发展存在威胁的一些问题：养殖空间日趋萎缩；养殖品种结构不合理，局部海域超负荷养殖；水产苗种繁育体系建设滞后，苗种生产、流通管理不规范；养殖技术粗放，养殖病害频繁发生；养殖产品质量有待提高；养殖生产组织化程度低，产业竞争力弱。王小龙(2011)认为，制约京津地区海水养殖业发展的主要因素是缺乏良好的法律环境。贺勤志(2013)分析了北部湾海水养殖业在生态可持续发展中存在的粗放经营、用药缺乏严格管理、加工工艺落后等方面问题。

海水养殖业发展对策方面，宁修仁等(2007)认为海水养殖业可持续发展不仅要以良好的海岸带生态环境作为支撑前提，更重要的是在严格执行海水养殖业规划的基础上，养殖规模要适度，推广先进的养殖技术，降低乃至消除养殖对海洋环境的污染，从而实现海水养殖与生态环境的协调发展。李权昆(2008)提出构建海水养殖产业安全体系的具体对策。许罕多、罗斯丹(2010)通过分析智利鲑鱼养殖产业的发展和产业升级路径，提出中国海水养殖产业升级路径的对策。任光超、杨德利(2011)从海水养殖业灾害保障的基本认识出发，探讨了以多元化为特征的海水养殖业灾害保障体制构建。赵晟、曾玉华、吴常文(2011)论述了高校重点实验室作为国家和地方政府重要的科学研究基地，在海水养殖业振兴战略中如何发挥人才、技术和科研优势，为振兴海水养殖业发挥作用。陈雨生、房瑞景、乔娟(2012)提出了新形势下我国海水养殖业发展战略措施:海水养殖业的发展要基于科学的发展规划，实行适度规模经营;在改善海水养殖环境的基础上，重视海水产品的质量安全管理;重视海水养殖相关技术、工艺的研发与科技成果的转化、推广;优化养殖品种结构，提高海水养殖业的产业高度;大力发展深海网箱、工厂化等利于规模经营的养殖模式;构建病灾风险预警的技术支持体系;加大政策扶持，提高海水养殖户生产积极性。孙兆明(2012)认为海水养殖业发展应围绕低碳养殖的目标，以科技进步为动力，以陆基工业化和海基牧业化为支撑，促进海水养殖业从依赖资源发展向依靠技术进步发展转变，使海水养殖产业发展呈现出兼顾生态与质量、区域统筹发展，核心竞争力不断增强的态势。

章薇婷(2013)总结了浙江省财政支持海水养殖规模化经营的主要做法:实施现代渔业发展工程，重点扶持对虾类、海水蟹类、海水贝类等优势突出、特色鲜明的主导产品;实施水产种子种苗工程，培育良种原种场;支持开展养殖生产设施和装备建设;支持加强水产品质量监管;支持深化体制机制创新。何晶、杨林(2013)认为，加强财政政策的助推作用，应当成为当前山东省推进海水养殖业转型升级的正确选择，要做到:增加财政投入，加强基础设施的建设;继续推进科技兴海战略，加大财税政策支持科技开发与推广力度;加快建立海洋生态补偿机制，为养殖业的转型升级提供良好的生态环境载体;加大海水养殖业公共服务体系建设力度;调整财税政策，完善渔业风险保障机制。

(3)关于海水养殖业规模经济的研究。周井娟和林坚(2008)

采用1949～2006年的时间序列数据，对新中国成立以来我国海水养殖产品产量的波动特点和影响因素进行了定量分析，研究结果表明：水产品市场价格和技术进步对产量变动影响显著，养殖面积、固定资本和养殖专业劳动力的投入对产量影响不显著。徐忠和李艳红(2013)运用Cobb-Douglas生产函数分析方法，证明了苗种支出、养殖面积和养殖技术对海水养殖业产出的影响最为显著。蒋逸民等(2013)运用面板数据分析发现海水养殖面积与产量之间的相关性。徐忠、李艳红(2013)基于2012年鲆鲽类主产区的分层抽样调查，运用Cobb-Douglas生产函数分析方法，对半滑舌鳎养殖产业要素投入和产出进行计量分析。李京梅、王磊(2013)基于山东省凡纳滨对虾养殖业的环境影响，运用计量经济模型将凡纳滨对虾养殖业中的负外部性内部化，并根据边际成本等于边际收益的原则进一步估算了该省凡纳滨对虾养殖业的最优产量。陈京婷和杨宁生(2013)运用SWOT模型分析发现山东海水养殖业发展中的不足，认为今后的发展应该注重质量安全、发展低碳养殖、完善区域规划和安全监管，实现可持续发展。

(4)关于海水养殖业产业化发展研究。王森、潘学峰(2003)分析了海洋渔业产业化的发展模式：龙头企业带动型、商品基地推动型、市场辐射型、科技进步示范型、中介组织带动型、加工出口牵动型、“拳头产品”带动型以及渔港依托型。赵晟(2007)通过对“企业＋基地＋农户”的产业化模式中各部分组织形式进行逐一分析，并结合番阳县的实际产业化运作模式，认为“养殖基地”的规模效应突破了传统的渔业养殖面临的资金、技术、销售等“瓶颈”。大规模的养殖提高了农户的议价权，保障农户和企业之间的利益合理分配。张耀光、刘锴、刘桂春(2009)研究了“獐子岛模式”，即“公司＋政府＋金融机构＋科研院所＋养殖户”的“五合一模式”。孙吉婷、赵玉杰(2011)分析了碳汇渔业对拉动经济的显著效用，提出了发展碳汇渔业的主要模式：养殖浮游植物、养殖滤食性动物、实行海洋生态系统立体化养殖、实施海洋水生生物增殖放流等，为海水养殖业产业化模式提供了新思路。韩立民、张静(2013)阐述了海水养殖产业化的三种模式：生态、集约和高效的生产模式，产学研相结合的技术创新模式，以企业和产业化组织经营为主体的产业组织模式。

在推进海水养殖业产业化发展对策方面，黄木现、俞永跃、尤永生(1998)指出要从组织形式、发展机制和资源配置方式等方面推进海水养殖业产业化，重视拓展渔业产业链、建设龙头企业、培育水产业市场、完善社会化服务体系等方面工作。王淼、权锡鉴(2002)认为适用于海水养殖业产业化的策略有：确立主导产业，发挥特色优势；扩大渔业生产经营规模；依靠科技进步，发展现代渔业；建立服务体系，保障战略实施；健全政策法规，加大政府支持。杨林、马顺(2011)从分析我国海洋渔业产业结构优化升级过程中存在的矛盾与问题入手，提出了适用于海水养殖产业化发展的推进策略。林香红、陈刚、宋维玲(2012)基于“十二五”期间海洋渔业发展面临的资源环境、政策、海域安全、质量等制约因素，提出了针对海水养殖业产业发展的策略。徐艳虹(2013)认为我国海水养殖业必须以科学发展观为指导，以科研为先导，调整养殖品种结构，资源节约、环境友好、提高质量、科学规划、法制管理为目标。

(5)关于海水养殖业标准化发展内涵的研究。杨鸣等(2005)认为，海水养殖业标准化的内涵包括技术、产品和环境三个层面，即构建“品种优良、苗种优质、饲(饵)料健康、用药合理”的养殖技术标准化体系，“养殖结构科学、养殖水质生态调控技术和生态防病技术高效”的生态标准化体系与“零排污、无公害”的环境标准化体系。王玮等(2010)认为海水养殖业标准应分布于产前、产中、产后所涉及的方方面面，资源环境、养殖设施、养殖过程、水产品加工整个产业链条，均需要规定严格的行业标准。卢昌彩等(2011)认为海水养殖业标准化是以海水养殖技术和实践为基础，运用简化、统一、协调、优选的原则，把科研成果和先进技术转化成标准，并将产前、产中、产后全过程纳入标准生产和标准管理的轨道，在技术和管理两个层面提高海水养殖业产业素质和水平，从而获得最佳的生态、经济、社会效益。杨军等(2013)结合宜昌市现代水产标准化健康养殖基地建设的实践，认为标准化的水产养殖是指通过制定达成共识、具有合理性、可操作性的共同规则，从环境管控到苗种选用、饲料使用均需要制定相关标准，使养殖生物保持最适宜生长和发育的状态，实现减少养殖病害发生、提高水产品质量的一种养殖方式。

实践中，王立东(2007)认为目前部分省份海水养殖标准化工作仍处于初级阶段，由于各有关部门对标准化的重要意义认识不足，生产者对标准的基本常识理解不透，统一的标准化体系尚未健全等原因，导致海水养殖业在养殖技术、渔饵喂料配方和病害防治用药等方面的不一致，水产品的成品质量差异也很大。宋怿(2009)认为我国海水养殖业标准化发展过程中主要存在海水养殖标准建设队伍发展滞后、经费投入不足、水产养殖标准管理及运行体制不健全等问题，着力完善标准管理体制、建立标准管理人员考评机制、标准与科研相结合机制、标准实施推广激励机制是实现海水养殖业标准化发展的迫切要求。方平(2012)在总结国外海水养殖业标准化发展基础上，提出在海水养殖发展过程中，应高度重视海水养殖业标准化生产体系的建立工作，抓紧制订海水养殖业生产各环节的标准或操作规范，尽快建立既符合我国国情又适应国际市场的标准体系。

(6)关于海水养殖业发展过程中政府行为的研究。葛欣、张小栓、傅泽田(2002)主要分析了政府作为宏观经济的调控者，对海水养殖业产业化的经济信号做出宏观调控反应的行为。主要有战略规划行为；政策、组织和自己支持行为；信息引导和项目示范行为；渔民利益、渔业资源和龙头企业利益的保护行为。刘洪滨、孙丽、齐俊婷、杨凤丽(2007)对中韩两国海水养殖业的历史变迁、政策进行研究、对比,提出中韩两国应在平等互利基础上,履行《中韩渔业协定》;成立专门渔业外交部门,探索双方沟通新机制,维护渔民合法权益;加强双方技术合作,鼓励发展水产养殖业。

唐议、邹伟红(2009)通过分析海洋渔业对海洋生态系统的影响,提出了政府加强海洋渔业管理保护生态系统的建议:加强海洋生态系统的基础科学研究;开展基于生态系统的海洋渔业管理理论和方法研究;逐步建立相关的法律和制度框架;开展多部门合作和国际合作。卢昆(2011)从粮食安全视角,阐述了政府促进海水养殖业发展的财政政策、金融政策、产业政策,并指出对于海水养殖业的经营者而言,注重高端特色品牌、加快专业合作社建设、发展订单渔业、经营模式多样化等是提高海水养殖业市场竞争力的正确途径。

通过对相关文献梳理可以发现,现阶段世界各国都对海水养殖业给予了重视,国内学者对海水养殖业的研究也由浅入深,并逐渐形成相对完整的理论体系,有力地推动了我国海水养殖业的发展。但已有研究成果存在以下不足:一是系统进行海水养殖业规模经济研究相对较少。查阅到的文献资料中,大多为当地的渔政部门工作人员或者当地的研究人员撰写的,其关注的范围不可避免地局限于当地的海水养殖业发展;对全国范围内的海水养殖业进行研究的不多,缺乏系统性与理论深度。二是现代海水养殖业产业发展的定量分析的文献较少,大多数是定性分析海水养殖业发展模式、可持续发展对策,海水养殖业规模经营效率评价的相关研究相对较少。鉴于上述特征,本书拟从规模经济的角度研究海水养殖业可持续高效发展的对策,试图运用生态学、经济学、产业经济学等相关理论,分析海水养殖业发展过程中成就,衡量规模效率,发现其中存在的深层次问题与症结性矛盾,探寻工业化养殖的逻辑机理与现实路径,推进发展现代海水养殖业的产业政策研究的深度与广度，提升我国海水产品的市场竞争力与可持续发展能力。

第三节 主要内容与研究方法

一、主要内容

随着海洋资源的日益紧张，特别是海洋捕捞获得海水产品相对规模逐渐下降的情况下，海水养殖业日渐成为满足人类不断增长的海水产品需求的主要行业，在生态文明背景下，海水养殖业向科学化、集约化发展成为必然。本书以海水养殖业为研究对象，基于规模经济、产业经济学、产业生态学的相关理论，在分析我国海水养殖业发展起点的基础上，阐述我国海水养殖业发展规模经济的产业态势，审视海水养殖业在生物资源养护、生态环境保护、经济效益、技术创新、产业管理方面存在的问题与不足，根据“四化同步”的基本原则，探寻海水养殖业工业化发展的逻辑机理与实施路径。

本书分为八章。

第一章为导论，从现实的海水产品需求、资源与环境约束、产业升级等角度阐述海水养殖业发展规模经济的研究背景与研究目的。进而查阅资料，梳理规模经济、海水养殖业的相关研究成果，夯实研究基础，确定评价海水养殖业规模效率的研究方法，总结创新之处。

第二章分析海水养殖业发展规模经济的基础理论。在介绍海水养殖业的内涵、类型与产业发展要素基础上，结合我国发展现代海水养殖业的现实意义，指出现代海水养殖业是海水养殖业产业升级的具体方向，而发展规模经济是海水养殖业实现上述目标的必然路径。可持续发展理论、产业生态理论、产业关联理论、产业结构理论是海水养殖业发展规模经济的理论依据。理论上，海水养殖业发展规模经济的模式主要包括工厂化养殖、海水网箱养殖、海水池塘养殖、浅海筏式养殖、浅海底播养殖。海水养殖业的发展涉及环境、资源、市场、科技、投资、政策等诸多方面，其发展规模经济必须统筹安排、系统考虑、科学谋划。

第三章回顾我国海水养殖业发展的概况与成效。从海水养殖业的品种结构、养殖面积、养殖产量、养殖产值等方面介绍我国海水养殖业发展概况，总结海水养殖业已经取得的主要成就，梳理我国海水养殖业在养殖环境、海洋生态灾害、产业结构、水产品质量等方面存在的问题。

第四章借鉴海水养殖业发展规模经济的国际经验。基于世界海水养殖业发展现状，梳理发达渔业国家海水养殖业发展规模经济的通行做法：重视海洋生物资源的养护；以生态保护为核心发展海水养殖业；创新养殖技术提高海水养殖业规模效益；政府的监管与支持不可或缺。上述做法对我国海水养殖业发展规模经济的规划制订、公共服务、科技创新、生物资源养护产生了较好的启示。

第五章阐述我国海水养殖业发展规模经济的探索与存在的问题。改革开放以来，我国重视海洋渔业资源与生态环境养护方面的产业发展；通过培育优良品种、提高养殖利润、创造市场绩效，推进海水养殖业规模化发展；不断完善、创新养殖模式，提高海水养殖业规模效益；充分发挥科技在海水养殖业规模经营中的技术支撑作用；防治病害降低海水养殖业规模经营风险；养殖机械化、数字化成为海水养殖业规模经营的新动力。但我国海水养殖业发展规模经济在经济效益、良种培育、养殖方式、病害防治、养殖机械化数字化方面存在诸多问题，影响了海水养殖业的高端发展。

第六章实证分析我国海水养殖业的规模效率。在介绍 DEA 方法基本原理的基础上，分析运用 DEA 方法评估效率的利弊，构建我国海水养殖规模效率模型。进而建立海水养殖经营规模效率评价指标体系，选取变量，进行数据处理，最后运用 DEA 方法实证分析我国海水养殖规模效率，确定海水养殖效率最优情况下的规模。结果表明，海水养殖技术水平过低是导致我国当前海水养殖规模差异的主要原因。短期来看，我国海水养殖业应适度规模经营，着重提升海水养殖技术水平，改善资本、鱼苗、海水养殖面积规模的生产效率。从长远来说，应当实现海水养殖业从劳动密集型向资本和技术密集型产业的转变，提升海水养殖的规模效率，实现规模经济。

第七章明确提出中国海水养殖业提高规模经济效率的路径是进行工业化养殖。在预测我国海水养殖业发展规模经济未来方向的前提下，指出工业化养殖成为当前我国海水养殖业发展规模经济的必然选择，进而系统提出我国海水养殖业工业化发展的基本思路、具体措施与配套措施。

第八章分析我国海水养殖业发展规模经济以及提高规模效率的具体对策。首先在梳理产业化运营对于海水养殖业发展规模经济推进机理的前提下，提出产业化运营推进海水养殖业发展规模经济的具体措施：标准化生产、品牌化经营、系列化加工、工业化管理、社会化服务。其次，以技术创新促进海水养殖业发展规模经济的可持续性。第三，完善金融服务体系，为海水养殖业发展规模经济提供稳定的资金来源。第四，运用工业经营管理理念，提高海水养殖业规模效率。海水养殖业发展规模经济是系统工程，需要相应的配套措施，具体包括：重视政府在海水养殖业发展规模经济进程中的协调与规制作用；以保护—开发—利用海洋生态系统为原则，优化养殖模式；以科技成果转化夯实海水养殖业发展规模经济的技术支撑；大力发展水产品加工和流通业，提升规模效益。

二、研究方法

(1)规范分析与实证分析相结合。本研究基于规模经济、产业经济学、产业生态学的相关理论，在分析我国海水养殖业发展起点的基础上，阐述我国海水养殖业发展规模经济的产业态势。

(2)定性分析与定量分析相结合。在定性分析我国海水养殖业发展规模经济概况与成效的基础上，建立海水养殖经营规模效率评价指标体系，运用 DEA 方法定量分析我国海水养殖规模效率，确定海水养殖效率最优情况下的规模。

(3)统计分析法。运用相关统计数据，从海水养殖业的品种结构、养殖面积、养殖产量、养殖产值等方面准确阐述我国海水养殖业发展概况，总结了海水养殖业规模经济方面已经取得的主要成就。

第四节　研究的创新之处

本研究创新之处主要在内容方面：

(1)从生态、经济、技术三个维度确定海水养殖业发展规模经济的内涵。从经济角度看，改变传统海水养殖业一家一户分散养殖的格局，规模化经营，重视产品的可追溯性和品牌效应，养殖过程中饲料、苗种统一供应，统一防疫，从市场、水质、饲料、鱼种和渔场管理五方面提高海水养殖业生产效率率和资源配置效率，实现净效益最大化；从技术角度看，它是指在海水养殖业中广泛采用现代科学技术和工业装备，使落后的、粗放的传统海水养殖业转变为先进的、集约式的现代产业的过程；从生态角度看，它是在海水养殖业发展的同时，保持和维护生态环境，实现双赢的过程。

(2)运用 DEA 方法实证分析了我国海水养殖规模效率，确定了海水养殖效率最优情况下的规模，指出适度规模经营是海水养殖业可持续发展的不变法则。我国不应盲目扩大海水养殖规模，应采用适当的养殖规模，长远来看，应当实现海水养殖业从劳动密集型向资本和技术密集型产业的转变，改善海水养殖业的规模效率,实现规模经济。

(3)从生态系统的视角,分析了我国海水养殖业发展规模经济的成就与问题,明确提出中国海水养殖业提高规模经济效率的路径是进行工业化养殖,并从实现产业生态化、装备工程化、技术现代化、生产工厂化、管理工业化层面提出具体的实施措施:通过产业化运营,深化海水养殖业的专业化分工、整合关联产业;运用工业生产品牌化理念,推进水产养殖特色化;以工业生产标准化提升海水养殖业的产业高度;以技术创新保障海水养殖业工业化发展的可持续性;借鉴工业市场营销理念,推进海水养殖业市场化。

第二章　海水养殖业发展规模经济的理论分析

第一节　海水养殖业的内涵与产业发展要素

一、海水养殖业的内涵与产业特征

1. 海水养殖业的内涵

海水养殖业是人类利用浅海、滩涂、港湾等适宜海域，按照养殖对象的生态习性和对海域生态环境条件的要求，运用水产养殖技术和养殖设施，从事海水经济动、植物饲养和繁殖活动，是人类定向利用海洋生物资源、发展海洋水产业的重要途径之一。

20 世纪 70 年代以来，由于渔业资源的衰退、海洋灾害的频发，许多沿海国家相继宣布实施 200 海里专属经济区和渔区，海水养殖业作为海洋渔业发展的“接力棒”，逐渐被各国所重视。从粮食安全角度考虑，积极开发海洋生物资源，从而提供更多更好的海水产品，对于改善居民食品结构、保证食品安全具有重要的现实意义，海水养殖业再次被提升到战略高度。《中国渔业发展第十二个五年规划（2011—2015 年）》提出，到 2015 年，水产品产量超过 6 000万吨，其中养殖产品比重达 75%以上。该报告测算，2010～2015 年间，养殖产品产量年均增速为 3.36%，平均每万吨水产品创造渔业产值 1.25 亿元，渔业增加值 0.7 亿元。2010 年海水养殖产量为 1 482.3 万吨，如果以此为基数，按年均增速 3.4%计算，2030 年海水养殖产量将达到 3 000 万吨左右。而 2025 年，海水养殖产值就将接近 3 100 亿元，增加值将达到 1 800 亿元左右。因此，海水养殖业的产业发展潜力值得观瞻。

2. 海水养殖业类型

海水养殖业的类型可以从多个角度进行划分。按养殖对象划分，海水养殖业可分为鱼类养殖、甲壳类养殖、贝类养殖、藻类养殖、海珍品养殖等，其中贝类、藻类海水养殖发展较快，甲壳类、鱼类、海珍品养殖相对薄弱。我国海水养殖业的发展主要得益于浅海贝类和藻类的养殖，如在 2012 年的海水养殖产量中贝类产量(1 208万吨)约占总产量的 73.5%，大型藻类(176 万吨)约占 10.7%，二者相加接近我国海水养殖产量的 85%，而鱼类(102.8 万吨)约占 6.25%，甲壳类(124.9 万吨)约占 7.6%。可见，我国海水养殖业还是一个以贝、藻养殖为主的行业，在品种上还有很大的发展余地。

按养殖水域来看，海水养殖业分为滩涂养殖、浅海养殖、港湾养殖和深海养殖等。

(1)滩涂养殖。滩涂养殖是指利用位于近海的潮间带和低潮线以内的软泥或砂泥地带，直接或经人工整理、改造后从事海水养殖、增殖、护养、管养、栽培等活动。通常贝类(如贻贝、扇贝、蛤、牡蛎、泥蚶、缢蛏等)、海藻类(如海带、紫菜等)等是直接利用滩涂进行养殖，养殖方式为海水池塘养殖。海水池塘养殖是在潮间带或潮上带，修建 0.5～5 公顷的土池，潮差纳入或机械抽入(或两者兼而用之)海水或半咸水，放入人工捕捞的天然苗或人工培育的鱼种，进行半精养或精养的养殖方式。

滩涂养殖也可以经整治或改造后建成封闭式、半封闭式、潮差式的渔港进行养殖，这种养殖方式以鱼类(如鲻鱼、梭鱼、鲷鱼、石斑鱼、鲳鱼、鳗鱼、遮目鱼、非洲鲫鱼等)、虾类(如对虾)为典型养殖物种。

(2)浅海养殖。浅海养殖是指在可养殖的浅海中进行海水经济动、植物养殖的生产活动。这里的浅海是指低潮位线以下至15米等深线的海域。养殖方式有浮筏式、棚架式和网箱式等。网箱养殖具有集约化、高密度和高效益等特点。目前我国所采用的养殖网箱类型一般是浮式网箱。其结构包括框架、浮力装置、网衣、固定装置和投饵装置等部分。网箱一般为长方形、正方形和圆形，以长方形、正方形的居多，近年来网箱规格有加大的趋势。网衣网目的规格是根据养殖对象的大小而调整，种苗所需网目小，随着鱼体的生长网目逐渐加大。根据生态环境、水文状况和地质地貌以及气候变化选择设置养殖网箱的海域。

(3)港湾养殖。港湾养殖指利用港、湾，或在海边、河口附近的滩涂、洼地拦闸筑堤进行海水养殖。港湾养殖的方式一般是围栏养殖。围栏养殖是依照海洋生物的生物学和生态学特性，营造优化生物各个发育阶段的生态环境，实现在野生环境下围栏，分阶段半人工养殖的一种方法，这种方法具有较强的适用性、科学性和先进性，既保持了海洋生物的野生品质和药用价值，又提高了海水养殖的经济效益。

(4)深海养殖。深海养殖是指在高潮位线以上从事海水经济动、植物养殖的生产活动。在浅海、近海地区，因排泄物污染海水养殖鱼类会遭受水质不佳的侵袭。深海养殖是近十年来迅速发展起来的养殖方式。这种方式运用计算机、新材料、气动、防腐蚀、防污损(附着物)、抗紫外线(防老化)等高新技术，为养殖物种提供清洁、自由流动的海水以及天然食物，即使在非常恶劣的海况条件下，也能保持养殖设备及其所养殖的鱼类安然无恙，由此养殖出来的水产品味道更鲜美。深海养殖对拓展养殖海域、减轻生态环境压力、保护调节海洋养殖品种结构、促进科学深海养殖有着重要意义。当前，深海养殖一般采用网箱进行，具体有多种方式:按工作时的浮沉状态，可分为浮式网箱、升降式网箱和沉式网箱；按结构的制造材料，可分为木质网箱、高强度PE网箱、钢制合金网箱和不锈钢网箱；按形状，可分为圆柱形、方形、六棱柱形、双椎体等。

3.海水养殖业的产业特征

众所周知，海水养殖业是充分利用海洋生物资源自身的生长发育规律与生长环境特质来获取成品或者半成品，养殖过程中，养殖物种与海洋生态、海洋环境相互适应、相互影响。这里所说的海洋生物资源，随着技术进步，不仅包括海洋动物资源，而且包括海洋植物资源、海洋微生物资源。21世纪以来，海水养殖活动只有在合乎法律法规要求范围及经过海域确权才能进行，养殖业户通过改良海洋生态环境，在技术上能够控制的水域内，促进海域内原有的经济生物资源生长繁殖，达到养殖水产品并使养殖产量增长且为人类所有、所用的目的。

随着海域资源供给有限性与需求无限性之间矛盾的加剧，自然养殖的海域愈来愈有限，在科技的指导下，养殖业户通过建立完全人工的养殖设施，模拟和优化生物资源在自然海域中所需要的理化条件，并通过人工管理，来大量创造各种生物资源的产业。因此，海水养殖业与陆地严格意义上的农业有着大致相同的内涵，其产业地位仍属于农业，只是劳动对象是海洋生物而非陆地动、植物，劳动场所在海洋而非陆地。所以，海水养殖业属于海洋渔业，是海洋第一产业，或称海洋农业，它在海洋产业中作为基础产业的地位没有根本性的改变。农业利用高技术可以发展为现代农业，海水养殖业也可以利用高新技，向现代海水养殖业发展。

从表象来看，海水养殖业区别于农业中其他产业表现出自身的特异性：第一，养殖对象决定海水养殖的区域性和季节性较为特殊。第二，海水养殖业借助于某一区域的水体，海域水面条件、装备水平等能够影响产业发展的业态。第三，海水产品鲜活、容易腐烂，生产过程中、消费之前对于海水产品快速、优质保鲜加工与便捷流通有较强的依赖性。最后，海水养殖业虽然高投入能带来高产出，但面临的自然风险、市场风险也较多。具体而言：

(1)海水养殖业的季节性。海水养殖业是通过苗种的繁育、培养或外购苗种而生产出种种水产品的活动。海水产品的生长周期决定了海水养殖业的季节性。当然，随着科技进步，养殖方式、品种改良等也会影响海水养殖业的季节特征，科学、合理的养殖方式可以回避由于水产品成长周期产生的季节性问题。另外，受消费需求季节性的影响，如海珍品的需求也存在一定的季节性波动，在我国的春节、中秋节等重要节日，海珍品作为馈赠亲友的最佳选择，产生的需求量明显高于一般的消费季节。我国传统的海水养殖方式，以季节性育苗较多，这在一定程度上限制了海水养殖业的高效发展。

(2)海水养殖业的周期性。海水养殖业从育苗、中间育成、海上暂养、投入放养、收获或外购苗种、投入放养、收获的生产过程，生产周期少则几个月，多则4～5年，一般为1～3年。

(3)海水养殖行业的区域性。目前，海水养殖企业都集中在沿海省份，自然条件差异决定了产业内企业的分布，同时也赋予了不同海域生长、养殖的产品具有不同的品质和营养价值。另外，海水的品质和养殖环境也影响着海珍品的品质和营养价值，随着海洋污染的蔓延，我国很多海域缺乏适宜海珍品生长的清洁条件，市场资源将向拥有无污染的优质养殖海域的养殖企业集中，对优质海域资源的争夺将成为海水养殖行业竞争的重要特征。

(4)海水养殖业的高风险性。海水养殖业是以繁育和养殖为主，生产周期比较长，变化无常的自然环境影响着水产品的产量和养殖效益。市场行情变化、利率汇率波动均会影响海水养殖业的收益。

二、海水养殖业发展的产业要素

1. 生物资源

生物资源是指海洋中存在的可能被人们捕捞、养殖的鱼类、贝类、甲壳类、藻类等经济动、植物群体。海洋生物资源具有公共物品属性，致使人们在资源利用上互不谦让，争相掠夺，而且海洋生物资源的回游移动性、可再生性，使海洋生物的物权属性进一步复杂。当然，生物资源这种能够自行繁殖的可再生性构成了海洋生态系统生生不息的主要环节。通过海洋生物资源的繁殖、发育和生长，资源不断更新，种群数量不断获得补充，并通过一定的自我调节使种群的数量达到平衡。如果有适宜的海洋生态环境条件，在人类开发利用合理前提下，那么海洋生物资源通过世代繁衍，持续为人类提供高质量的食物。所以，生物资源的可持续性是指最大限度满足人类对水产品消费需求的同时，不破坏海洋生态系统，并保证这一生态系统能长久地提供人类所需要的高蛋白、低脂肪的食物。生物资源要素包括鱼类的饵料生物、能进行光合作用的水生植物、捕食鱼类的其他动物、有害的赤潮生物、寄生生物、腐生生物、细菌、真菌等等，构成养殖水域水体这一完整生态系统的生产者、消费者、分解者。目前，许多国家开展的对饵料生物和赤潮的防治研究，即是通过改善构成养殖水域生态环境的生物要素，保护渔业生物资源。

2.海洋环境

就海水养殖业而言，其生态环境是指适宜海洋动物、海洋植物、海洋微生物生存的场所，这一场所适合人类从事养殖生产的一切天然的或者经过人工改造的自然条件。从生态学角度看，海水养殖业生态环境主要包括：

(1)海水。海水是海洋生物赖以生存的媒介。海水生境对养殖水体的水质有重大的影响。

(2)水中的溶解物质。如果水中的溶解物质种类繁多，存在形式多种多样，低分子物质与高分子物质和谐共存，这样的养殖环境有利于提高海水产品质量与营养。它们可以分子、离子对、无机络合物、有机整合物等多种形式存在，可以通过化学反应以及吸附、交换、共沉淀等界面作用转为胶体或粗分散粒子。人们常根据水中溶解物质对水生生物的影响的一些共性，把它们分为五类，即主要离子、溶解气体、植物营养物质、有机物质、有毒物质。我国的渔业水质标准主要是对这些物质规定限定植。

(3)水中的悬浮物质。主要包括漂浮水面的物质和悬浮于水中呈固态不溶解的物质，这也是海水养殖业生境的要素之一。

(4)其他。养殖水域水体的底质、地形、底泥构成以及养殖用的筏体、设施等。这些同样是构成海水养殖业生态环境的要素。

随着海水养殖业的快速发展，人类对水产养殖工程的研究，将在最大程度上改善渔业生态环境，甚至是设计渔业生态环境。然而，在海水养殖业发展过程中，养殖环境污染日益加剧和近海渔业资源的不断衰退严重地制约着海水养殖业的健康发展。因此，必须加强对养殖环境的科学研究，建立起完善的养殖环境保护法律制度，防治海洋环境污染，改善海洋生物资源的养护载体，实现渔业经济的可持续发展。

3. 劳动者

劳动者是生产力系统最能动、最积极、最活跃的因素。具有一定生产经验和劳动技能的劳动者是生产力中最具决定性的力量。随着海洋渔业产业升级向纵深发展，对海水养殖业劳动者的素质要求也不断提高，随着知识经济时代到来，对于养殖业户的要求已从过去单纯的数量要求，转变为对劳动者所具有的养殖知识、养殖技能、转业转产能力的要求。这样，不断加强对养殖业户的教育和培训便成为海水养殖业发展的客观要求，具有一定技能、技术水平和熟练程度的劳动者成为推动海水养殖业持续发展的主要动力。另外，海水养殖业由粗放养殖转变为集约规模养殖，对于劳动者素质与技能也提出了较高的要求。从解决“三农”问题的角度来看，具有一定技能和较高素质也是渔民增收的源泉，这不仅关系到渔业经济的发展以及渔民生活质量的提高，也关系到农村社会的和谐稳定。

4. 养殖技术

养殖技术可表述为将养殖技术发明应用到海水养殖生产活动中并由此所引起的生产要素的高效配置，包括新养殖方法的研究开发、养殖品种试验、养殖模式推广等一系列前后相继、互相关联的养殖技术开发与应用的过程。

养殖技术创新的经济目标主要是为了获得超额利润，因此从本质上讲，技术创新即经济创新，是科技开发与经济发展的有效组合与协调发展。这一内涵要求，技术创新是科技进步、生产组织或要素组织方式的创新、商品营销方式的创新等的共同结果。因此，技术创新既是生产力的质量和数量不断变化的过程，同时也是社会生产关系和生产方式的变化过程，甚至包含了部分上层建筑的内容，因而是社会生产系统整体变革的过程。要促进一个社会的技术创新，不仅需要科学技术的不断进步，而且需要相应的社会生产关系、生产方式和政治体制方面的不断变革。

随着科技革命和知识经济的发展，人类已进入前所未有的以信息技术、生物工程技术、海洋工程、新材料和新能源开发、航天技术为代表的新技术时代。这些新技术在渔业上的广泛应用，对海水养殖业可持续发展将产生高战略性、高创新性、高增值性、高加速性和高竞争性的作用。因此，技术创新是海水养殖业可持续发展的动力和技术保证。技术创新通过对海水养殖系统各要素的渗透改变它们的性质，同时改变生产工艺过程、养殖方式，提高各要素以及它们之间的综合生产力。

实践中，养殖技术的迅猛发展，为缓解渔业资源短缺、抑制生态环境恶化、改善人类健康状况、实现渔业经济和资源环境的协调发展提供了有效的技术途径。可以说，技术创新能力是海水养殖业可持续发展支撑体系中的最终限制因子。

5. 货币资本

货币资本是渔业经济发展恒久不变的要素。货币资本拥有丰富广泛的内涵，它不仅包括货币，而且包括股票、债券、期权等金融资产。海水养殖业的产业特征决定了其在资金需求方面，如资金需要的时间、数量、方式、偿还期、偿还方式等都不能与农、林、牧等产业完全相同，其资金运行有着自己独特的规律。同时，与传统养殖业相比，现代海水养殖业发展要求规模经济、产业化经营，投资项目科技含量高、风险大，不管是养殖过程还是养殖设施建设，都需要大量资金投入。例如，当前发展设施渔业被认为是实现海水养殖业可持续发展的一种有效模式。设施渔业的重点是渔业设施的现代化，如建立人工控制小气候的温室、水质的生物净化等等，如果没有巨额资金的前期投入，设施渔业的发展无从谈起。从这个意义上说，货币资本是海水养殖业能否可持续发展的物质总闸门。

海水养殖业本身的弱质性决定了产业自身积累资本的能力较弱，在产业发展过程中常面临极大的资金需求缺口，同时产业的高风险性又使海水养殖业难以获得金融机构信贷资金的支持。一方面海水养殖业资金需求特点是春汛、秋汛为旺季，其余时间为淡季。由于借款时间集中，贷款数额较大，资金满足率仅能达到50%左右，无法满足其全部资金的需要。另一方面，近年来，商业银行贷款权限的过度上收减弱了金融支持海水养殖业发展的力度。由于基层银行信贷权限较小，农村信用社独木难撑，难以满足海水养殖业经营信贷资金的渴求。因此，货币资本将成为海水养殖业规模化发展的重要羁绊，建立一套切实可行的筹资、融资服务体系也是海水养殖业可持续发展的重要组成部分。

6. 产业发展外在要素

(1)产业政策。从产品性质上说，海水产品属于典型的私人用品，海水产品市场也是一个竞争性的市场，政府本不应过多地介入渔业生产活动过程。但海水养殖业在国民经济中的重要地位以及产业自身的特点，要求政府必须介入海水养殖业的生产活动，以各种政策手段促进其发展，特别是要用财政补贴的方式支持海水养殖业的发展。因此，财政适时适度的资金投入便对海水养殖业的发展发挥了至关重要的支撑作用。近年来，我国为促进渔业产业结构的升级换代，实现海水养殖业的健康发展，根据世贸组织的相关规定，借鉴渔业发达国家的通行做法，加大了财政对渔业发展的支持力度。

同时，由于渔业资源环境的公共产品属性和海水产品市场“负外部效应”，市场机制无法在渔业资源环境保护方面实现最优配置，即存在“市场失灵”问题，要求政府运用产业政策降低交易费用与海洋环境污染，控制海水养殖业经济运行轨迹趋向正常状态，为市场机制功能的有效发挥提供良好的环境、资源平台。实践证明，在开放的市场经济条件下，与促进海水养殖业发展有关的产业政策可以在生产环节、国内贸易环节和进出口贸易环节实施。国内外渔业产业发展的实践经验表明，财政支渔政策对于提高渔业产业的国际竞争力的作用十分显著。近 200 年来，全球各主要渔业国特别是发达国家一直对其渔业实施补贴①。据世界银行估计，“我们对有害于环境的全球渔业补贴，依据对各种不同补贴种类的最高和最低水平，估计其数额为 150 亿～200 亿美元。然而，这一估计数是粗略的，最好把它表述为世界捕捞业首次成交额的估计数。已知全球船上交货的交易额约为 800 亿美元，我们对补贴水平占全球渔业收入的估计为 20%～25%”②。

(2)市场体系。完整的水产品市场是海水养殖业可持续发展

① Shrink W E. Introducing to fisheries subsidies[S]. FAO Fisheries Technical Paper 437, Rome: FAO, 2003.

② Milazzo M. Subsidies in World Fisheries: A Reexamination[S]. Washington, DC: World Bank, 1998.

的主要环节。水产品生产经营者包括各类养殖、捕捞、加工企业和联产承包的渔户，他们一般作为水产品的出售方进入市场，形成水产品的供给者；而作为水产品消费需求主体的城乡居民则是作为水产品的购买者进入市场，形成水产品市场的需求者。

水产品市场分为批发市场与零售市场。一般，产地和销地的水产品批发市场是水产品贸易的主要集散地，经销商基本为水产企业和个体户。终端零售环节一般分布在综合商场、农贸市场。近年来，随着人们收入水平与生活质量的提高，大型综合超市水产品的销售种类与数量日渐增长，与传统的农贸市场形成既相互竞争、又相互补充的关系，满足了不同消费群体不同消费水平的需求。特别是大中城市，水产品零售交易方式正在由集市交易向超市交易过渡，超市交易方式的迅速发展为品牌水产品特别是名牌水产品提供了扩大市场份额的机会。

鱼类是含有丰富蛋白质、重要脂肪酸和维生素、矿物质的人类食物来源，渔业在世界食品经济中有着重要作用。鱼类蛋白在人类消费的动物蛋白中约占16%，这一比重在各地区有所差别，亚洲约占22%，非洲占19%，拉丁美洲和加勒比海地区占7%左右。当前绿色食品消费风潮席卷全球，水产品以其高蛋白、高营养将逐渐成为人们餐桌上的主要食品，消费者对有机水产品的需求量随之大增。因此，未来市场需求空间将进一步扩大。从国际市场看，全球水产品消费量在今后相当长的时期将保持增长趋势，据FAO预测，今后15年，全球水产品年消耗量将增至1.6亿吨，而目前的年产量为1.3亿吨。从国内来看，解决温饱之后，人们更加追求生活质量，对于营养配餐也有了越来越高的要求，水产品的消费规模逐渐增大，消费结构也趋于优质化、多样化，中国成为全球主要的水产品消费快速增长的市场。

消费者需求范围不断拓展，需求档次越来越高，由此引致整个膳食结构及至水产品消费结构，处于动态上升，进而引发渔业结构的不断调整，名特优新品种不断涌现，水产品市场竞争加剧并保持活力。与此同时，由于世界范围内海洋渔业资源呈衰退趋势，未来国际水产品消费市场的缺口无疑将主要依赖养殖产品补充。我国渔业具有养殖生产规模大、技术先进、劳动力资源丰富、加工能力强等优势。国内外水产品市场需求增长将有利于发挥我国竞争优势，并为我国渔业发展跻身于世界渔业强国提供广阔的空间。

建筑面积 12 万平方米的大连辽渔国际水产品市场，是国内目前单体最大的国际化、专业化水产品市场，是代表大连市及东北地区申报的全国 9 个国家级农产品批发市场之一，即将成为中国北方第一家、也是唯一一家以水产品为主的国家级农产品市场。市场于 2012 年 7 月 9 日破土动工，经过一年多的施工建设，主体工程和内部装修于 2013 年 10 月完工。市场与辽渔集团大连湾渔港融为一体，按照国际标准设计建设，为国内外企业和广大商户提供了全方位、国际化、高效率的一站式交易和商务平台，专业化的多功能设施，全覆盖的经营品种选择，安全便捷的金融信贷服务和超价值的财富商机，是国内首家集一级拍卖、二级批发、三级零售、冷藏、物流配送、电子商务、检验检测、通关服务、金融服务、餐饮旅游、总部经济等多功能于一体的国际水产品销售集合体，并致力打造成为国内领先、世界一流的国际深海大洋水产品集散地。目前，市场开业的一层设有鲜活、冻品、水产品超市及商业服务等国际化高标准商铺，已有近千名国内外知名批发零售商进驻经营。

作为大连市的“菜篮子”工程，市场每年可引进上百万吨水产品，预计交易额超百亿元，不仅可以极大地满足大连人民吃海鲜的需求，对促进大连地区水产品流通、丰富水产品市场、提升市民的生活质量将发挥积极作用，还可将产品供应范围扩大到环渤海及东北腹地，对大连市和辽宁省海洋经济发展将产生积极的牵动作用。市场坚持全标准体系覆盖、全冷链过程操作，并实施国际第三方检测，在市场准入和监管上全面引入竞争机制，在保障食品安全的同时，对平抑物价和促进公平交易将起到良好的示范作用。市场积极发挥社会服务功能，可提供就业岗位近万个，并致力将市场打造成创业就业基地，提供优惠政策鼓励有志青年到这里投资创业。

三、发展现代海水养殖业的现实意义

改革开放以来，我国海水养殖业发展取得了辉煌成就，综合生产能力大幅提升，真正走出了一条“以养为主”的水产业发展道路。但我国海水养殖业长期以来依靠养殖要素的较大规模的投入而获得收益，如通过扩大生产场地、添加机器设备、增加劳动力等生产要素来实现产业发展、经济增长，即属于粗放养殖。这一过程中由于受单纯经济利益的驱动，在片面追求高产量和高效益的同时，忽略了养殖水域的生态平衡和环境保护，致使水产养殖因受到资源匮乏、环境污染、病害等因素的困扰而难以持续高效发展，此外还存在着环境、社会、经济多方面的问题。因此，总结国内已有的经验教训，吸收和借鉴国外海水养殖业发展的管理理念、养殖技术、产业升级措施，传统海水养殖业向现代海水养殖业转变已成为当务之急。

现代海水养殖业要求在现有生产力水平下，遵循生态学、生态经济学发展规律，在保护、优化海洋生态环境的前提下，运用现代科学技术成果以及相应的系统工程方法、集约化经营的养殖发展模式，运用现代渔业管理手段，以获得经济效益、生态效益和社会效益等综合效益的最大化作为最终目标。所以，现代海水养殖业凭借高效性、持续性、养殖多样化等优点，成为人类保证食品安全、优化食物结构的正确选择。

开展海水高效健康养殖利用技术研究和示范，发展现代海水养殖业，有利于延长产业链、拓宽产业领域，全面提高海水养殖业产业化水平和综合效益，促进相关行业的发展，增加渔民收入和就

业机会。开展相关技术的研究、开发、集成与标准化示范攻关，实施传统技术的标准化升级改造，生产大量优质海洋水产品，还将大幅度提高我国海水产品的国际市场竞争力。此外，坚持养殖开发与环境保护并重的原则，实现产业开发和生态保护的良性互动，在向社会提供大量优质安全产品的同时，确保海洋渔业可持续发展并产生良好的生态效益，促进和谐社会建设。

1. 现代海水养殖业已成为我国农业经济中的重要产业

海水养殖业已成为我国沿海地区国民经济发展的重要组成部分，是拉动农村经济、促进经济发展、调整产业结构、增加就业和渔民收入、改善食品结构、提高人民生活水平的重要行业，在保障供给、稳定市场、保障国家粮食安全、促进贸易发展等方面都发挥了重大作用，对建设和谐社会、实现国民经济又好又快发展具有重要意义。2011 年我国水产品产量 5 603 万吨，是 1949 年的 124 倍。水产品总产量自 1989 年起连续 22 年居世界首位。水产业经济总产值达 15 005 亿元，在大农业中的份额由新中国成立初的 0.2% 提高至 10%左右，是大农业中发展最快的产业之一。海水养殖业已经成为沿海地区提供就业、食物的和经济发展的重要来源。

从出口贸易来看，“入世”以来我国水产品出口贸易基本保持了稳定的发展态势，2002 年我国水产品出口量和出口额分别为 208.5万吨、46.9 亿美元，首次超过泰国，成为世界第一。2000 年以来，我国水产品出口总额占农产品出口总额的比重保持在 30%左右，一直位居大宗农产品出口首位。据海关统计，2011 年我国水产品进出口总量 816.12 万吨，总额 258.09 亿美元，同比分别增长 13.97%和 26.74%。其中出口量 391.24 万吨，同比增长 17.18%，出口额 177.92 亿美元，同比增长 28.67%，连续 12 年居大宗农产品出口首位。进口量 424.88 万吨，进口额 80.17 亿美元，同比分别增长 11.17%和 22.65%。水产品出口额占我国农产品出口总额的比重为 29.30%。2012 年，我国水产品进出口总量和进出口额分别达到 792.5 万吨、269.81 亿美元。其中,出口量为 380.12 万吨、出口额达到 109.85 亿美元。虽然出口量下降 2.83%,但出口额增加6.7%,表明出口产品附加值在提高,贸易顺差达到 189.83 亿美元。

2.海水养殖业已成为人们改善膳食结构的重要来源

随着我国经济实力的提升、居民人均收入水平的增加,人们的消费习惯也在发生着变化。水产品因其富含优质蛋白、氨基酸、维生素和矿物质等,而且数量和比例符合人体需要,特别是含有人体需求量较大的亮氨酸和赖氨酸,成为人类优质蛋白的重要来源。同时,水产品中的结缔组织含量远比畜肉少,鱼类肌纤维较短,蛋白质组织松散,水分含量高,吸收率高于猪、鸡、牛等陆生动物中的蛋白质。另外,水产品富含不饱和脂肪,对人类的健康有益而无害,多食鱼肉不会像多吃猪肉易引起血脂升高及心血管疾病;水产品还含有丰富的脑磷脂和卵磷脂,亦能促进人类健康、长寿。因此,随着人们收入水平的提高,越来越多的国人开始把营养性需求作为食品消费的第一需要,水产品的消费比重不断上升。此外,餐饮行业的蓬勃发展更是进一步提升了海水产品的消费规模。2011 年水产品人均占有量由 1949 年的 1 千克左右提高到 41.6 千克,是世界人均水平的 2 倍。2012 年水产品人均占有量提高到 43 千克,是世界人均水平的 1.6 倍。水产蛋白消费已经占我国动物蛋白消费的 1/3,有效地改善了居民的营养膳食结构。

根据 FAO 对全球水产品的需求预测,到 2030 年,全球人均水产品的消费量将增长到 19～21 千克。部分地区水产品每人年消费量预测将会有较大增加,南亚将增加近 60%,中南美洲及加勒比海地区将增加近 50%。而我国居民家庭水产品人均消费潜力更大,要达到 2030 年世界平均水平,城镇居民和农村居民的水产品消费还需要分别增长 60%和 354%。另一方面,从 1997 年到 2030 年全球捕捞产量将增加 1 370 万吨,增幅为 14.6%,养殖产量将增加 5 400 万吨，增幅高达 182.4%。我国作为水产养殖产品的主要供给者，为了满足全球养殖产量的需求，我国到 2030 年水产养殖将达到5 807.7万吨。因此，海水养殖业成长潜力巨大。

3. 海水养殖业已经进入必须更加依靠科技进步驱动发展的历史新时期

我国海水养殖业取得的巨大成就，一方面得益于改革开放政策为产业发展注入了动力和活力，得益于确立的"以养为主"方针为产业发展指明了方向；另一方面，科技进步在产业的发展中发挥了至关重要的支撑作用，我国海水养殖业的产业发展中每上一个新台阶，都离不开重大科技创新的支撑。海水养殖业科技创新和科技成果的转化推广及产业化应用是推动海水养殖业产业转型升级和大发展的重要动力来源。

当前，我国水产业正处在由传统水产业向现代水产业加速转变的发展阶段，海水养殖业正由数量型向质量效益型发展，水产业产业结构调整步伐进一步加快。在这一时期，水产业要突破资源环境约束，增强综合生产能力，保障水产品质量安全，提高工程装备水平等，都迫切需要科技创新。可以说，科技创新已成为加快发展现代水产业最关键、最根本的途径。大力实施"科技兴渔"战略是实现这一系列转变的重要驱动力，水产业科技成果转化则是实施"科技兴渔"战略的重要举措，是把水产业科技从"第一生产力"转化为现实生产力的关键环节，也是科学技术服务于水产业经济发展的必要途径。

4. 现代海水养殖业是维护国家海洋权益的重要领域

近期发生的中韩海洋专属经济区之争和中日、中越和中菲的岛屿之争，反映出我国在一些敏感海域的海权不断受到一些国家的侵扰和蚕食，凸显出新的历史时期维护我国国家主权和海洋权益的重要性和紧迫性。在领土主权和海洋管辖权争议区域，渔业因其特有的灵活性、广布性、群众性，对维护国家海洋权益具有不可替代的重要作用，应该放到所涉及的国际关系大局中考虑。此外，全球海洋生物资源已成为各国竞相争夺的战略资源，渔业也是国家拓展外交、参与国际资源配置与管理、处理国际关系的重要领域。

现实情况表明，“渔权即主权，存在即权益”。渔权是海权的重要内容和主要表现形式。世界各国对海洋权益的争夺，很多情况下表现为因海洋渔业利益的冲突而对渔场、捕鱼权的争夺。

在此背景下，发展远离陆地及市场的以海水养殖为代表的深远海海域“蓝色农业”，应对多变的海洋条件，需要构建规模化的产业链及安全可靠的生产设施，以工业化的生产经营方式发展集约化养殖，包括深水大型网箱设施、大型固定式养殖平台和大型移动式养殖平台等离岸深海养殖工程。深海大型养殖设施的构建，如同远离大陆的定居型海岛，具有显示主权存在的意义。在我国与周边国家海域纠纷突出、海域领域被侵蚀的状况下，发展深海大型养殖设施就是“屯渔戍边”，守卫领海，实现海洋资源的合理利用与有效开发。

5.现代海水养殖业具有修护海洋生态环境的功能

海水养殖依据是否有外部投入分投饵型和清洁型两种养殖方式，如池塘养殖、网箱养殖为投饵型养殖，而滤食性贝类、藻类、海参适宜清洁型养殖方式。投饵型养殖方式容易对环境造成污染，如浅海鱼类网箱养殖，所投入的饵料中的氮只有10%～20%转化成鱼肉，50%～60%氮转变成氨氮排放到水中，20%～30%滞留在残饵和粪便中，对环境的污染可想而知。相反，清洁型养殖对环境具有调节和修复作用。贝类具有很强的滤水能力，据测算，10平方千米滩涂贝类养殖的净化能力相当于10万人口城市所需要的污水处理厂的处理能力，而滩涂养殖的费用仅为建设污水处理厂的9%。大型藻类被称为是最具潜力的生物净化器，通过光合作用利用二氧化碳，释放氧气，而且可以利用水体中的溶解性无机氮和磷，起到净化水质的作用。贝、藻的养殖同时具有固碳作用，根据我国 2006 年贝、藻养殖产量推算，通过贝、藻收获移除的碳分别为 99.2 万吨和 37.7 万吨、氮分别为 7.5 万吨和 2.1 万吨。由此可见，浅海贝、藻养殖不仅能提供大量优质、健康的蓝色海洋食物，同时又对控制水域富营养化、二氧化碳减排作出了很大的贡献，是一种双赢的人类生产活动。我们目前研究和推广的海水健康养殖模式，就是要通过多营养层次综合养殖新生产模式，一方面生产出大量海产品，解决人们对海产品的需求，另一方面尽可能地减少养殖对环境造成的不利影响。

四、现代海水养殖业的发展目标

鉴于海水养殖业在发展海洋经济、保证食品安全、调整产业结构以及解决“三农”问题等方面的积极成效，海水养殖业多功能化要求其产业管理的目标不再是单一的经济目标，即提高经济绩效，而应将管理目标拓展到生态效益、社会效益方面，进行生态、经济、社会多重目标的系统考量。考虑我国发展现代渔业的现实需要，我国海水养殖业发展目标取向如下。

1. 成为水产业可持续发展的中流砥柱

进入新世纪以后，可持续发展经济已经成为我国制定宏观政策、调整产业结构的基本原则，可持续发展要求经济发展、社会进步必须从环境和自然资源角度进行战略规划，在生态环境和自然资源能够承载的范围内发展经济，按照资源、环境与经济社会的和谐相处、共同进步的要求谋略人口、资源、环境之间，区域之间，代与代之间的矛盾。水产业政策制定也不例外。实践中，人们逐渐认识到如果提高经济生产力是渔业发展的唯一目标取向，结果只能与人类追求经济绩效的目标背道而驰。海洋捕捞业的传统发展路径已经证实了这一点，在没有实施休渔期、配额捕捞的情况下，人类的捕捞能力超过海洋生态系统的自然生产能力，忽略渔业资源短缺的信号，捕捞政策没有及时做出应有的调整与改进，导致渔业资源可再生能力下降，大大影响了渔业资源潜在经济生产力的良性循环。以此为鉴，发达渔业国家认为，改变这种不可持续利用渔业资源的作业方式，实现渔业可持续发展的政策着力点只能是海水养殖业。许多国家正努力探索促进海水养殖业可持续发展的政策措施，使其成为实现整个水产业可持续发展的中坚力量，承接因捕捞能力过剩问题而剩余的生产能力。

2. 统筹兼顾经济层面、资源环境层面、社会层面多重目标

随着渔业资源、生态环境方面利用压力的日趋加大以及人类对海洋生态系统认知能力的提升，各国渔业管理视角逐渐从相对简单的单一控制扩大到更为全面的复合控制。经济层面、生物层面以及社会层面成为渔业政策要涉猎的多重目标。为了实现渔业资源的可持续利用，必须以综合的、充分考虑到生态过程、社会和经济背景和动力的方式去管理和控制渔业资源的利用。

面对资源约束趋紧、环境污染严重、生态系统退化的严峻形势，党的十八大报告指出"建设生态文明，是关系人民福祉、关乎民族未来的长远大计"，要把生态文明理念融入经济建设、政治建设、文化建设、社会建设各方面和全过程。

对于"生态文明"概念，不同学者从不同学科的角度进行了解释。概括起来主要有：陈瑞清(2008)①认为，生态文明是人类经历了原始文明、农业文明、工业文明之后，实现人与自然的良性循环。余谋昌(2012)②指出生态文明与政治文明、物质文明、精神文明共同构成现代文明体系，而生态文明是这一文明体系的基础。卢迎

① 陈瑞清. 建设社会主义生态文明，实现可持续发展[J]. 中国政协，2008(02)：64-65.

② 余谋昌. 生态文明：建设中国特色社会主义的道路——对十八大大力推进生态文明建设的战略思考[J]. 桂海论丛，2013(01)：20-28.

春(2012)[①]认为资本主义没能从根本上解决生态环境问题，只有社会主义国家才能实现真正的生态文明。产业结构、增长方式和消费模式等方面均要成为节约资源和保护环境的典范，与之相应，建设资源节约型社会和环境友好型社会成为促进生态文明建设的重点。

笔者认为，生态文明是人类文明法治到一定程度必然要经历的阶段。生态文明的前提是尊重和维护自然。生态文明应该秉承“人与人、人与自然、人与社会和谐共生、良性循环、全面发展、持续繁荣”的宗旨，建立可持续的科学、文明的生产方式与消费方式是生态文明自身应有的题中之意。只有在生态文明框架下，才能引导生产者的生产行为、消费者的消费行为始终以“自觉与自律”为行为准则，坚持人与自然环境的相互依存、相互促进、共处共融的理念，走和谐发展道路。生态文明在强调人与生态的和谐的同时，也追求人与人的和谐，而且人与人的和谐成为人与自然和谐的前提。

从社会学角度看，生态文明要求处理好人与自然关系上道德伦理，把人本身作为自然界的一员，进而建立与这一理念相匹配的行为准则，尊重自然就是尊重人类自身。与之相应，人类的一切活动要充分尊重自然规律，寻求人与自然的和谐发展。从生态经济学角度来看，生态文明要求把尊重自然、与自然和谐共存的价值观贯穿于人类的生产活动、消费活动、政治活动、社会活动过程中。由此决定了生态文明的核心要素是公平、效率、和谐和人文发展，即生态文明要求：公平包含尊重自然权益，实现生态公平与保障人的权益，实现社会公平；效率包括寻求自然生态系统具有平衡和生产力的生态效率，经济生产系统具有低投入、无污染、高产出的经

---

① 卢迎春. 论社会主义生态文明理论的最新成果[J]. 中共石家庄市委党校学报，2012(02)：9-11.

济效益和人类社会体系制度规范完善运行平稳的社会效率;和谐,就是要谋求人与自然、人与人、人与社会的公平和谐,以及生产与消费、经济与社会、城乡和地区之间的协调发展。人文发展则是追求具有品质、品位、健康、尊严的崇高人格。这些要素的存在价值是,公平是生态文明的基础,效率是生态文明的手段,和谐是生态文明的保障,人文发展是生态文明的终极目的①。

生态文明首先突出生态的重要性,要求人类的经济活动必须遵守自然规律,爱护自然环境,把自然环境看作人类生存环境的不可或缺的一个重要组成部分。但实践中,人们广度追求物质文明,忽视了生态文明的重要性。人类在追求物质文明过程中所产生造成的资源破坏、环境污染等问题,制约了人类追求物质文明的正常进程,人来不得不开始反思生态文明的重要性,认识到发展生产力不能以破坏生态环境作为代价。只有保护环境、尊重自然规律、注重生态平衡,即实现生态文明才能实现物质文明的可持续发展。1972 年联合国在斯德哥尔摩召开了首次"人类与环境会议",讨论并通过了著名的《人类环境宣言》,从而揭开了全人类共同保护环境的序幕,也意味着环保运动由群众性活动上升为政府行为。伴随着人们对代际公平与代内公平的系统认识②,可持续发展的理念形成,世界环境与发展委员会于 1983 年成立。1987 年该委员会在《我们共同的未来》中正式提出了可持续发展的模式。1992 年的《21 世纪议程》,更是高度凝结了当代人对可持续发展理论的认识。与之相应,生态文明的理念便成为人们对可持续发展问题深刻认识而深入人心。

生态文明相应的产业是生态产业。生态产业是传统产业的继

---

① 王尔德.生态文明是超越工业文明的社会文明形态[N].21 世纪经济报道,2012-10-09(9).

② 人类的发展不仅要讲究代内公平,而且要讲究代际公平,亦即不能以当代人的利益为中心,甚至为了当代人的利益而不惜牺牲后代人的利益。

承和发展，但不同于传统产业的是，生态产业将生产、流通、消费、回收、环境保护及能力建设纵向结合，将不同行业的生产工艺横向耦合，将生产基地与周边环境纳入整个生态系统统一管理，谋求资源的高效利用和有害废弃物向系统外的零排放；形成自然生态系统、人工生态系统和产业生态系统之间共生的网络。生态产业，横跨初级生产部门、次级生产部门、服务部门，包括生态工业、生态农业和生态服务业。

适应生态文明要求的海水养殖业应把产业发展生态化作为基本理念贯穿于生产经营过程，或者作为产业发展目标。

产业发展生态化的理论基础是产业生态学，产业生态学是运用生态学的基本规律，基于物质流和能量流的分析，研究如何通过产品的制造者、消费者和废料处理者的协作，如何通过对工业活动，尤其是工业设施设计的改变，使产业转向健康的（即环境友好的）发展模式。随着产业转型成为全球环境变化的人类影响国际研究计划（IHDP）四大科学领域中最活跃的一组，产业生态学被列为美国21世纪环境研究的五大优先学科之一。

基于产业生态学的要求，从资源、环境层面来看，海水养殖业应以产业发展与生态环境的适应性、海洋渔业产业多样性作为产业生态化发展的重要依据与先决条件，把海洋环境资源承载力与持续发展能力作为海水养殖业产业升级的基础，实现自然、经济、社会的和谐发展。现代海水养殖业是实现上述条件的发展模式与重要载体。

（1）良好的养殖生态环境。良好的养殖生态环境应是适宜水生动物和植物生存的，并且适合人类从事养殖活动的一切自然的或者经过人工改造的自然条件。具体地说，主要是指自然的或者经过人工改造的水生动物、植物的养殖场。

生态环境作为海水养殖业可持续发展的系统载体，其状况及其变化对能否建立完善的渔业产业生态系统发挥中关键性的作用。优良的海水养殖业产业生态环境既要保证养殖的动物、植物生命保障系统不发生退化，又要实现这些动物、植物物种的多样化，满足海水养殖业对生物资源的需求。然而，在海水养殖业发展过程中，海洋环境污染的日益加剧和近海渔业资源的不断衰退严重地制约着海水养殖业的健康发展。因此，必须加强对养殖水域生态环境的科学研究，建立起完善的养殖生态环境保护法律制度，防治环境污染，改善海水养殖业生物资源的养护载体。

(2)优良的养殖品种。优良品种是推动海水养殖业产品产量和质量大幅提升的主要因素之一。据美国畜牧业协会测算，动物品种的养殖产品产量的增幅的贡献率在 35%；据中国农业科学院经济与发展研究所预测，1985～1996 年期间，我国农业的良种贡献率在 35%～38%；中国种业知识产权联盟发布的报告提到，近年我国品种培育水平和推广水平稳步提高，良种对农业增产的贡献率超过 40%。良种的科技固化程度高，通过把复杂的高新技术成果凝聚到种子里，转化成为相对简单的技术易被农民接受和应用。良种是良种良法等农业增产技术的核心，所有农业技术最终是依靠品种而实现其最终生产效益的。海水养殖业是我国海洋经济领域的一个优势产业。当然，我国水产养殖业还处于比较粗放的发展阶段，养殖的产量提高主要依靠数量的增加，其主要原因是良种培育工作远远滞后于养殖业的发展，种业已成为制约我国海水养殖业可持续发展的“瓶颈”。

(3)产业发展与生态环境相得益彰。海水养殖业发展要与海洋生态环境相互适应。海水养殖业的产业发展离不开海洋生物资源禀赋与生态环境条件，而海洋生物资源和环境条件也往往是海水养殖业及其企业、水产品的比较优势之所在。只有适宜海洋生态环境特点、充分发挥海洋生物资源与海水养殖业经济资源优势，才具有较强的生存力、拓展力与竞争力；能够充分利用海洋自然生态，与海洋环境协调共生的产业才会不断发展壮大，成为有特色的健康养殖业。

第二节　规模经济与海水养殖业发展

一、规模经济

1. 规模经济的含义

规模经济是指在一定的生产力水平的情况下，随着生产规模的扩大，对生产要素需求量增加，平均成本降低，伴随着生产能力扩大产量或收益增加。规模经济以一定的经济规模作为发展基础。在一定的经济规模框架下，规模经济体现的是各种生产要素集中投放的程度与频率。实践中，生产力要素组合的层次和方式不同，便会产生不同的经济规模。就其范围而言，经济规模可分为行业经济规模和企业经济规模。行业经济规模反映的是行业总体的生产经营能力；企业经济规模则反映企业的生产经营能力。

系统的广为认可的规模经济理论起源于美国，典型代表人物有阿尔弗雷德·马歇尔（Alfred Marshall）、张伯伦（E. H. Chamberin）、罗宾逊（Joan Robinson）和贝恩（J. S. Bain）等。马歇尔在《经济学原理》一书中指出："大规模生产的利益在工业上表现得最为清楚……大工厂的利益在于：专门机构的使用与改革、采购与销售、专门技术和经营管理工作的进一步划分。"马歇尔认为规模经济可以通过两种途径形成：一是在个别企业内部形成"内在规模经济"，这种规模经济要求企业充分利用现有的各种资源、提高组织和经营效率。二是在多个企业之间形成的"外在规模经济"，这种规模经济是多个企业之间因产业关联发展的需要，进行了专业化的分工与合作以及地区间的合理布局，扩大规模，产生规模效益。马歇尔指出规模经济报酬有自身的发展变化规律，即随着生产规模的不断扩大,规模报酬将依次经过规模报酬递增、规模报酬不变和规模报酬递减三个阶段。马歇尔修改研究成果说明规模不是越大越好。

马克思在规模经济方面的理论建树也值得称道。马克思在《资本论》第一卷中,详细分析了社会劳动生产力的发展必须以大规模的生产与协作为前提。他认为,大规模生产是提高劳动生产率的有效途径,是近代工业发展的必由之路,在此基础上,"才能组织劳动的分工和结合,才能使生产资料由于大规模积聚而得到节约,才能产生那些按其物质属性来说适于共同使用的劳动资料,如机器体系等,才能使巨大的自然力为生产服务,才能使生产过程变为科学在工艺上的应用"。马克思进一步阐述生产规模扩大的主要目的是:产、供、销的联合,资本的扩张,降低生产成本。

2. 规模经济产生的原因

规模经济产生的原因有以下几方面:首先,专业化生产能够提高劳动生产率,降低成本,提高产量。其次,随着规模的扩大,降低固定资产的平均成本,降低销售费用、管理费用、研发费用等。第三,规模扩张对生产要素的需求量增加,规模化采购能够降低经营成本、运输成本、原材料采购成本。第四,规模扩大,企业实力增强,逐渐形成企业品牌或者行业品牌,经营市场的能力提升,价格制定等方面具有话语权,提升行业市场竞争力,为企业或产业发展的良性循环奠定基础。

3. 影响规模经济形成的因素

规模经济能够实现产品规格的统一和标准化生产,有利于管理人员提高管理效率,有助于工程技术人员的专业化,进而有利于科技创新或新产品开发,从而提升区域或者产业的市场竞争力。但规模经济的形成必须具备一定的条件,

影响规模经济形成的因素主要有以下几方面:①自然资源基础条件,如可供养殖的海域面积、生物物种的丰富程度决定海水养

殖业规模大小；②物质技术装备的配备情况，如海水养殖业的设施水平、机械化程度影响海水养殖业的规模；③经济方面的硬要素，如资金充裕度、市场完善度、劳动者素质、运输条件、产业化程度对产业规模均有一定的影响；④社会政治历史方面的软要素，如消费习惯对消费规模的影响，产业政策、金融政策、财政政策等支持力度对产业发展的影响。

二、海水养殖业发展规模经济的必要性

1. 海水养殖业发展规模经济的内涵与要求

海水养殖业发展规模经济是一个具有多层含义的动态概念，从不同的角度可以有不同的理解：从经济角度看，改变传统海水养殖业一家一户分散养殖的格局，规模化经营，重视产品的可追溯性和品牌效应，养殖过程中饲料、苗种统一供应，统一防疫，从市场、水质、饲料、鱼种和渔场管理五方面提高海水养殖业生产效率率和资源配置效率，实现净效益最大化；从技术角度看，它是指在海水养殖业中广泛采用现代科学技术和工业装备，使落后的、粗放的传统海水养殖业转变为先进的、集约式的现代产业的过程；从生态角度看，它是在海水养殖业发展的同时，保持和维护生态环境，实现"双赢"的过程。

要实现海水养殖业的规模经济就要实行产业化运营，产业化运营是指在实现海水养殖业的工业化过程中，通过发展加工、储藏、运输和销售等部门不断延长深化产业链，实现海水养殖业与其他相关产业部门的紧密结合，从而实现产供销或农工商经营的一体化，使海水养殖业逐渐成为市场化和深度开发化的规模产业，最终实现各产业互补优势、降低生产经营成本、提高劳动生产率和经济效益的目标，其中最重要的是开发新的方法，对海水养殖业产品进行深加工和综合利用，制成各种食品或其他用品。

此外，要实现海水养殖业产业化运营还要满足以下几个条件：

①标准化养殖。标准化养殖指运用标准化的原理把海水养殖业的科技和实践成果固定下来，转化成标准加以实施。②机械化养殖。机械化养殖是指在生产中，育种、养殖、收获、产品运输、加工以及海水养殖业基本建设施工等最大限度地使用机械来代替手工和畜力工具操作。③科技化养殖。科技化养殖指开发出先进的科学技术并广泛地应用于海水养殖业，主要包括科学的养殖技术、科学的管理技术和现代信息技术三个方面的应用。④生态化养殖。我们所要实现的海水养殖业的工业化不是初级的低层次的工业化，而是一种高级的高层次的工业化，是一条科技含量高、经济效益好、资源消耗低、环境污染少、人力资源优势得以充分发挥的新型工业化路子。

2.海水养殖业发展规模经济的必要性

规模经济对海水养殖业发展具有推动作用，其重要性表现在以下几方面。

(1)海水养殖业发展规模经济是转变产业经济增长方式的现实需要。海水养殖业发展规模经济符合世界范围内的水产品需求规模日益扩张的现实需要，也是我国作为渔业大国应有的担当，而且在满足世界水产品市场需求的同时，给我国海水养殖业发展提供了学习外国先进管理理念、先进技术的机会，有助于我国渔业管理与国际规范、国际标准的接轨。在这一过程中，能够有效促进我国实现由水产大国到水产强国的角色转变。海水养殖业发展规模经济，促使企业主动整合产业链中各个生产要素的优势，提高水产养殖产业的产出，无形之中会提高海水养殖业的生产效益；能够充分发挥科技支撑对生产力的推动作用，实现先进技术的整合，有效提升产业效益；进而实现海水养殖业经济增长方式由“粗放型”向“集约型”转变。

(2)海水养殖业发展规模经济是发展优质高效海洋产业的根本要求。海水养殖业发展规模经济，以提高经济效益为中心，依靠科技进步和提高劳动者素质，有助于充分利用我国现有的陆基、海基等不同地区的资源生态优势，实现多种先进养殖模式的融合与多元化发展；通过体制机制的改革创新，将分散的养殖户组织起来，逐步扩大海水养殖规模化程度，实施专业化生产、标准化经营、社会化服务，精细分工，紧密合作，从而形成低投入、低排放、高效益的机制，有助于重新调整和优化海洋渔业产业结构。通过实现水产品养殖、加工、运销、服务等三次产业的一体化，延长产业链长度，使水产养殖发展成为具有高技术含量、高附加值特色的新兴大产业，不仅加强产业内在联系，而且培养产业自我增长机制，实行集约经营，促进产业高端发展。

(3)海水养殖业发展规模经济是提高产业科技贡献率的有力推手。海水养殖业发展规模经济，不仅实现海水养殖业的现代化、标准化、规范化，而且将大大增大养殖科技的推广力度，加速潜在的科技生产力转化为现实生产力的进程，科技因子在产业中的作用能够充分发挥，这将极大地提高养殖业的科技水平，大幅度提高初级产品和精深加工产品的质量和档次，加快海水养殖业升级转型。

(4)海水养殖业发展规模经济是实现产业可持续发展的根本保障。海水养殖业集产业化、标准化、机械化、科技化和生态化于一身，是一种可持续的发展道路。这种道路的确立，能够在促进生产效益的同时有效兼顾生态效益、社会效益，有利于实现产业的可持续发展和循环型经济体系的建立；能够使得海水养殖业的发展在满足当代人的利益的同时兼顾后代人的利益，使得海水养殖业的工业进程不仅能兼顾社会大众和市民的利益，而且能够兼顾渔民和农民的利益，从而实现产业的可持续发展。

三、海水养殖业发展规模经济的条件

海水养殖业的发展涉及资源、市场、科技、投资等诸多方面，其发展规模经济必须统筹安排、系统考虑、科学谋划。

1. 政府层面：根据海洋功能区划进行海水养殖业规模化发展布局

海水养殖业的生态、经济、社会多重发展目标说明其发展已经成为一个系统工程，牵扯面广，必须有海水养殖业管理部门牵头，会同有关部门在实地调研与科学论证的基础上，制定全国或者沿海各地区海水养殖业的发展规划和比较具体的分区、分类指导性计划，规划建设高标准、规模化养殖区，整合资源，多元化开发资源，明确产业发展布局、养殖品种结构、产品层次分析、质量要求和市场目标，最终在全国形成规模适度、产业布局合理、集约高效发展的养殖新格局。

根据《海洋功能区划》和《水域滩涂养殖规划》，指导沿海地区制定海水养殖发展规划，发挥资源优势，加强分类指导，科学合理地确定养殖区域、发展规模、生产布局和养殖容量，加快引导水产养殖从岸线向陆上、从海面向海底、从近海向外海转移。

2. 技术层面：为海水养殖业规模化发展提供技术支撑

随着现代渔业的发展，以节约资源、提高劳动生产率为前提的养殖方式逐渐成为取代传统养殖方式的必然趋势。网箱养殖、工厂化养殖等高效集约养殖方式，因其具有节约资源、劳动生产率高、产品可稳定供应市场、质量相对安全等特点在全球方兴未艾。与之相应的养殖规模标准、水体环境、物种、方式、基础设施、储存、运输均需要技术创新。因此，水产业科学技术要为丰富养殖物种、保护养殖环境、提高养殖质量与水产品安全、实现海水养殖业和资源环境的协调发展提供有力的技术支撑。可以说，技术创新能力是海水养殖业可持续发展支撑体系中的最终限制因子。

3. 养殖层面：根据区位优势与要素禀赋确定主导产业

不同海域，自然环境与要素禀赋各不相同，养殖出来的海水产品的品质与营养程度也不相同。因此，要根据各地的区位优势，建立海水养殖高效生产基地与示范区，调整海水养殖结构，发展优质高效品种，重点推进数字化、现代化、机械化的健康养殖，在养殖方式方面，可以选择标准化池塘养殖、深海抗风浪网箱养殖、工厂化养殖等集约化养殖方式。

4.市场层面：完善的市场载体和优良的品牌效应

市场是海水产品从生产到消费不可或缺的有机组成部分，完善的水产品流通体系，既有利于形成合理的市场价格，促进消费者消费，又能借助于客观的市场利润激发生产者经营水产品的积极性，是联结生产与消费、供给与需求的桥梁。完善的水产品市场不仅要有批发市场，还要有零售市场；不仅包括国内市场，还要包括国际市场。同时，完善的水产品市场还可以带动水产品物流业的发展，如各种满足水产品物流的现代、快速、高效的网络平台建设，卫星传输技术、产品远距离展示技术等通讯技术等适应水产品市场发展的现代化、数字化，不断拓展应用领域。再如，与水产品市场相关的服务业，如制冰、水泵等器材、产品包装物、货物打包、托运代理等也随之发展。

品牌是海水产品提高市场占有率、推进海水规模化养殖的重要组成部分。品牌建设可以借助现有海水养殖基地已经形成的品牌优势，适应居民生活质量提升的发展趋势，渐进扩大名特优珍稀海洋生物的养殖规模，提高优质品种的覆盖率，依靠规模优势提高市场影响力。发挥延伸产业链拓展品牌效应的功能，通过海水产品的精深加工，形成养殖、加工、出口系统发展的格局。

5.政策层面：形成协调联动机制，夯实规模化养殖的公共服务体系

(1)海水养殖业的“市场失灵”现象需要政府政策的有效矫正。在海水养殖业发展过程中，存在环境污染、科技成果正外部性这些“市场失灵”现象，市场机制不能有效矫正。这就需要政府制定相关产业政策，规制生产者在生态文明框架下，尊重自然规律，保护

生态环境,进行健康养殖。同时,增加财政支出,诱导企业、科研人员积极从事海水养殖业的产前、产中、产后的相关科技攻关活动,促进海水养殖业的现代化发展。需要政府制定相关政策促进科技成果转化,借助于水产业科技成果转化工程和渔业科技培训行动,开展海水养殖品种更新工程、养殖模式创新工程和技术推广入户工程,加速科技成果的商品化、产业化进程。

(2)海水养殖业弱质性、高风险性需要政府政策的有效调节。首先,海水养殖业发展需要政府在金融信贷、品牌推介、市场拓展、养殖基地建设等各方面加大政策支持的力度,为海水养殖业规模化发展提供良好的外部条件,降低企业经营成本。例如,可以把海水规模化养殖业发展纳入政策性金融支持范围,出台养殖用海使用权抵押、评估、担保办法,凡取得海域使用权和养殖许可证的企业,可按中介评估价的50%贷款,在此基础上,该企业的抵押资格经主管部门确认、登记后,地方财政再给予一定的贴息扶持,进一步提高养殖企业的赢利预期。其次,海水养殖产业结构升级和发展中存在的结构性冲击和退出障碍需要政府政策的有效调节。海水养殖业发展中,需要转变生产方式、产业结构升级。某些养殖品种在经历了一段时间的规模扩张之后,出现生产能力过剩和退出障碍问题,使整个行业陷入困境,如果政府不制定和推行有效的产业调整与产业援助政策,海水养殖业将难以为继,大量养殖资源会滞留在传统养殖、落后工艺产业中,不仅资源得不到有效配置,还会因长期亏损及失业等问题引发严重的社会问题。

第三节 海水养殖业发展规模经济的理论依据

一、可持续发展理论

海水养殖业可持续发展可概括为:养殖生态环境的持续承载、

养殖生物物种的持续利用、养殖利润的持续高效获得、渔区社会发展的持续向好。在这里，养殖资源、生态环境的可持续是基础，养殖利润的可持续是核心，渔区社会发展的可持续是最终目标，几个方面融合统一构成海水养殖业可持续发展的整体内容。

海水养殖业生态系统的可持续性主要体现养殖生物物种资源的永续利用层面，这是海水养殖业可持续发展的物质基础。优良的海洋生态系统能够为养殖资源可持续利用提供保证。但人类为了海水产品的过多需求和有限供给之间形成的缺口与矛盾，往往以牺牲生态与环境作为代价。而海水养殖资源的多功能性，加剧了不同使用者之间的竞争。因此，要正确处理海洋生物资源质量、可利用量及其潜在影响之间的关系。在利用海洋生物资源的同时，更要注意保护海洋生物资源种群多样性、遗传基因的多样性。在保证海水养殖生态健康的前提下，整合海洋生物资源开发方式，减少海洋生物资源利用中的冲突和矛盾，提高产出率。

海水养殖业的发展应该建立在“技术—开发—保护”体系的基础上。欲实现海洋生物生态系统的可持续利用，就要全面认识海洋生态在生命、经济、环境等方面的价值与功能。如果因人类的不合理开发，使某种海洋生物资源难以持续存在、形成与积累，那么这种影响就会通过它所处的生态系统网络产生辐射作用，从而影响整个海洋生态系统的存在状况，人类不仅将失去海洋生态系统作为生产要素的经济价值，而且，将失去海洋生态系统的生命保障、物种进化等方面的价值与功能。但同时应当指出，实现海洋生物资源可持续利用的最根本目的是其对于人类效用的可持续实现，即海水养殖业的稳定与发展。

海水养殖业的可持续发展归结到一点是渔区社会可持续发展，其关键是人的问题。在控制人口数量、提高人口质量的同时，公平性是核心问题，这里主要是指人类对海洋渔业资源利用的公平性。海水养殖业的可持续发展是一种机会均等的发展，它既包括同代内的区际均衡发展，此地区的发展不应以损害彼地区的发展为代价；也包括代与代之间的均衡发展，既满足当代人的需求，又不损害后代的发展能力。因此，当代人之间的公平性要求渔业资源开发活动不应带来或造成环境资源破坏的不经济性，即在同一区域内一些人的生产、交往、消费等活动在环境资源方面，对没有参与这些活动的人所产生的有害影响；在不同区域之间，则是一个区域的生产、消费以及与其他区域的交往等活动在环境资源方面，对其他区域的环境资源产生削弱或危害。代与代间的公平性，要求当代人不应从事过度消耗海洋生物资源以支持目前的生活水准，而把比当代人更贫困的前景和更大的危机留给后代的实践活动。

因而，海水养殖业的可持续发展视渔区社会为生态—经济—社会的复合体，其核心内容是人口、经济、社会、资源和环境要相互协调发展，实现良性循环经济。

二、产业生态理论

产业生态学以 20 世纪 80 年代末罗伯特·福罗什（Robert Frosch）和尼古拉·加劳布劳斯（Nicolas Gallopoulos）模拟生物新陈代谢和生态系统再生过程的经济过程及和谐的生态功能的网络化生态经济所开展的“产业代谢”研究为起点，在 Ayres 等和 Ehrenfeld 等学者的推动下，于 90 年代取得了长足的发展。随着产业转型成为全球环境变化的人类影响国际研究计划（IHDP）四大科学领域中最活跃的一组，产业生态学被列为美国 21 世纪环境研究的五大优先学科之一。

产业生态学是探讨产业系统与经济系统及它们同自然系统相互关系的跨学科研究，涉及诸多学科领域，是一门研究产业可持续发展能力的科学。产业生态系统是按生态经济学原理和知识经济规律组织起来的基于生态系统承载能力、具有高效的经济过程及和谐的生态功能的网络化生态—经济系统，闭路循环性仅是其最表观的特征之一。产业生态学原则还包括多层次的开放性原则、因地制宜的本土性原则和生态经济复合系统的经济性原则。

目前的产业生态学理论研究多以区域性产业生态系统为研究对象，强调其闭路循环特征，注重系统内的横向耦合，以变污染负效益为资源正效益，逐步实现有害污染物在系统内的全面回收和向系统外的零排放。因此，产业生态学概念常被理解为以物质循环和能量分级流动为特征的闭路循环工艺。从整体上看，产业系统也是参与到自然界物质循环的一个特殊有机体，是全球地化循环中的一个组成环节，通过能量流、物质流和信息流等的出入与周围环境相互联系，具有开放性的自然属性。从经济属性的角度看，产业系统也是高度开放的系统，生产需要从外部输入能量和物质，产品需要消费市场，产生的废物需要内部处理或运送到系统外，利用其他生态系统的净化吸收能力消除其不良影响。产业系统的开放程度一般是与经济水平和自身资源拥有量相联系的，经济发展水平越高，开放程度越高，自身的资源拥有量越短缺，要求的开放程度就越高。

产业生态系统的构建旨在通过降低系统边际投入和减少系统废物排放，在不发生污染转移的情况下达到减轻环境压力的目的。这就决定了产业生态系统的构建和发展必须通过系统内各组分的多样化合作，达到充分利用物质和能量资源（包括废弃物和能量）的目的。

就推进产业生态系统发展而言，政府的特殊推动组织是不可或缺的。通过这种组织可在原本不愿协作甚至存在竞争的单位或区域间建立起协作关系。这种类似于政府的组织在系统的规划与发展中会全面考虑生态、经济和社会三大效益，而这一点正是单个企业或建设项目所不会考虑或难以顾全的。同时，这种类似政府的组织可为系统内各组分间物质、能量流的合理利用和配置提供一个分析研究的论坛，并为系统内各组分间的协作提供机构或政策上的保障。

同时，我们必须承认，无论人们如何努力地试图将产业生态系统向自组织的自然生态系统方向构建和发展，都不可能完全抹去产业生态系统中人类活动的印记。产业生态系统的这种特性就决定了其在具有上述自然生态系统特性的同时还具有人类经济系统的特性——经济性，即在降低环境压力的同时追求最佳的经济效益。

可持续性是生态产业的目的，经济发展是实现可持续要求的必要条件。在产业生态系统的建设和发展过程中，市场经济的“无形手臂”会迫使系统及系统内各组成部分不断地通过改进生产工艺拓宽原材料的选择面，变系统内其他组成部分排出的废弃物（能量）为有益原材料，降低原料成本；通过网络式的多面手培训，提高劳动力水平等方法降低劳动成本；通过市场调查，在适宜的情况下生产经济产出/投入比高的产品。在保障生态效益和社会效益的同时，全面提高产业生态系统的整体经济效益。

三、产业关联理论

产业关联理论又称产业联系理论，与产业结构理论相比，它更广泛、细致、精确、量化地研究产业之间的质的联系和量的关系。产业关联领域的主要理论方法是里昂惕夫（W. Leontief）的投入产出经济学，它运用投入产出表和投入产出数学模型，把一个国家在一定时期内所进行的社会再生产过程中，各个产业部门间通过一定的经济技术关系所发生的投入产出关系加以量化，以此分析该国在这一时期内社会再生产过程中的各种比例关系及其特性。它的特点之一是能很好地反映各产业的中间投入和中间需求，这是产业关联理论区别于产业结构和产业组织的一个重要特征，也是产业经济学区别于宏观经济学和微观经济学的一个重要方面。而且，从技术上看，产业关联理论可以细致地研究国民经济中的所有产业，只要这种产业是以生产技术和工艺的相似性为依据划分的。在产业经济学中，它是一个介于产业结构和产业组织之间的“中观”领域。

四、产业结构理论

现代经济增长的显著特征是经济高增长率和结构高变动率。近 100 多年来，经济规模迅速扩大，经济结构也日益细化和复杂化，经济增长依赖于结构的转换与调整趋势也越来越明显。在一定条件下，产业结构的转换率越高，经济总量的增长就越迅速。各国经济增长的历史和现实表明，在各国经济增长的过程中始终伴随着产业结构的变动。可以说，经济结构的调整过程主要是产业结构调整的过程，就是经济增长的过程，而经济增长的过程也就是经济结构调整的过程。因此，在现代经济增长的历史进程中，产业结构合理演进的能力的高低，或者说产业结构的转换能力的高低，在很大程度上决定着国家之间经济实力和综合国力的对比关系。近年来海洋渔业的快速发展就得益于产业结构的不断转换。

经济增长与产业结构相互依赖、相互促进。产业结构必须与经济发展的水平相适应，而经济发展到一定程度，必然会打破原有的均衡，导致产业结构发生相应的改变。合理的产业结构是经济进一步发展的基础，它将促使经济向更高的水平发展；不合理的产业结构将影响甚至阻碍经济的增长。成功的经济发展都是在一次次产业结构的合理变动后取得的。

产业结构的合理及时变动，可以促进经济的快速、稳定的增长。产业结构的优化是在产业政策与市场机制共同作用下实现的，其中产业政策通过影响供给因素和需求因素加速了产业结构的合理化和高度化。而只有产业结构的优化才能实现可持续发展，这既体现在产业结构优化可以促进经济增长，进而有利于社会发展和生态平衡，从而最终实现可持续发展；又体现在产业结构优化本身可以直接促进社会发展和生态平衡。而可持续发展又可以加速产业结构优化。

产业结构优化是推动产业结构合理化和高度化发展的过程。前者主要依据产业关联技术经济的客观比例关系，来调整不协调的产业结构，促进国民经济各产业间的协调发展；后者主要遵循产业结构演化规律，通过创新来加速产业结构的高度化演进。产业结构的优化过程也就是政府通过有关产业政策来调整影响产业结构变化的供给结构和需求结构，实现资源的优化配置与再配置，来推进产业结构的合理化和高度化发展。依靠市场机制虽然可以较好地实现资源的有效配置，但市场调节具有盲目性，且是事后调节。产业政策作为政府行为，可以根据科学的预见实现事前调节，避免不必要的资源闲置和浪费。它在产业结构领域中的作用尤其显著。其作用机理主要是政府对可影响产业结构变动的供给因素和需求因素进行主动干预，从而加速产业结构的合理化和高度化，实现产业资源的优化配置。

第四节　海水养殖业发展规模经济的模式

一、工厂化养殖

工厂化养殖是在高密度的饲养条件下，运用化学、自动控制、机电、建筑学等学科原理，通过人工调控养殖环境的各项理化因子，对适宜养殖的品种实行半自动或全自动化管理，始终维持养殖水产品的最佳生理、生态环境，从而达到健康、快速生长和最大限度提高单位水体水产品产量和质量，且不产生养殖系统内外污染的一种高技术、集约化养殖方式。工厂化养鱼的类型目前主要有普通流水养鱼、温流水养鱼和循环流水养鱼三种。较普遍的养殖品种有牙鲆、河鲀、鲈鱼、凡纳滨对虾、大菱鲆、南方鲆等。

工厂化养殖是以保护养殖环境为基点的封闭内循环养鱼系统，它的核心技术是水处理技术，其关键技术是生物净化。该养殖模式通过养殖用水的循环利用，经微生物的作用，将水体中的有害物质、营养盐类转化降解，达到净化水质，增加养殖效率，提高饲料转化率，实现零排放或最小排放①。

工厂化养殖具有以下特点：

(1)高技术是工厂化养殖的基础。完整的工厂化养殖设施应包括封闭式内循环、微生态调节净化水质、纯氧增氧、臭氧消毒、物理过滤、泡沫分离、人工培养活饵料、配合饵料及自动投饵等专用设施。因此，水质净化、生物工程、饲料工业、自动化控制及信息技术等高新技术贯穿于整个养殖过程。工厂化养殖一般选择经济价值高、市场销路广的品种。

(2)产业化规模效益。工厂化养殖产业化程度高，为提高效益，多采用较大规模。例如，德国养鳗场，年产欧洲鳗 125 吨是盈亏转折点；美国可口可乐公司夏威夷养虾场投资 2 500 万美元；日本长崎海产养育场规模达 12 140 平方米，定员 62 人，投资 6 800 万美元。

(3)养殖模式多样化。世界上有几十个国家在搞工厂化养殖，一个国家还有几种模式，并且在不断发展与创新。但从总体上看，大致可分为三大类型。①一元化模式，如德国“美兹姆”模式。它在鱼池中加生物包(一种过滤装置)，在生物包下充气增氧、举水，每小时循环 1 次。②分列式模式。以丹麦 DAI 模式为代表，欧盟与北欧、澳大利亚等国普遍采用这一模式。水处理系统与鱼池分

① 张明华，杨菁. 海水工厂化养殖水处理系统的装备技术研究[J]. 海洋水产研究，2003(02)：30-34.

列，废水经过转筒过滤器去除悬浮物，由浸液式滤池去除硝酸盐，再经滴滤池去除氨及亚硝酸盐，然后用纯氧增氧，臭氧及紫外线杀菌。③鱼菜共生模式。鱼菜共生模式起源于美国，利用养鱼废水无土栽培蔬菜。美国伊利诺伊州鱼菜共生系统的成绩是，生产周期4～9个月，每平方米出鱼50千克，番茄75千克。上海渔业机械研究所、上海清浦水产学校建有梭鱼菜共生车间，广州市水产研究所也在探索鱼菜共生系统，用菜的根系吸收净化养鱼废水，对去除硝酸盐有特效，有利于“无废化”生产。

工厂化养殖日益受到国内外专家学者的关注，被认为是解决养殖业与环境和谐问题的出路之一。因此，在今后海水养殖业发展过程中，保护环境将是前提条件，封闭式内循环养殖方式已成为发展方向。①

二、海水网箱养殖

海水网箱养殖是指在海水中设置以竹、木、合成纤维、金属等材料制成的一定形状的箱体，将鱼等放入其内，投饵养殖的方式。网箱有浮动式框架网箱、沉下式网箱和大型抗风浪网箱等几种类型。网箱多设置为浮动式网箱，以抛锚或打桩来固定。在不宜打桩或抛锚的海区，用水泥坨子代替桩和锚。网箱养殖的饲料有三种：新鲜小杂鱼、冷冻鱼、配合饲料。选择网箱养殖鱼类的原则：①优先选择生长速度较快的鱼类。②尽量避免选择能自相残杀的种类。③应选取市场价格较高的种类，以确保养殖效益。④优先挑选抗病力强，能在密集的条件下正常生活和生长的种类。⑤要选择适于摄食人工投喂饵料的种类。

由于传统的海水网箱抗击风浪能力差，且都局限于避风条件

① 杨正先，孟范平，朱小山，李永祺．海水养殖业与可持续发展[J]．海洋科学，2004(10).

好的内湾，水体交换差，长期高密度养殖后，造成底质与水质恶化，导致鱼类生长减慢、病害流行，使网箱养殖很难持续发展。为了改变这一状况，发达国家研制了大型抗风浪深海网箱养殖。

深海网箱是指设置在相对较深海域，养殖容量较大，具有较强的抗风浪性能的海上养殖设施。它在拓展养殖海域、减轻沿岸环境压力、提高养殖鱼的质量、增加养殖效益等方面已显示出明显的优势。由于深海网箱养殖是新兴的一种设施渔业，包容的高新技术多，涉及材料、机械、电子、苗种、饲料、环境等诸多方面，当前仍有不少技术问题需要解决。

深海网箱养殖因其高投入、高产出、高风险、高技术特征，不适合经营能力弱的个体业户，只有通过集约化、规模化生产，经济效益才能得到充分的体现。从网箱养殖的生态以及可持续发展层面来看，网箱的设置最好是离岸布置，海洋环境的复杂性与动态性对网箱的离岸布局的操作与管理提出了较高的技术要求。例如，海上网箱网衣更换操作设备、网衣清洗设备、自动投喂设备、养殖监测系统、活鱼起捕、海上操作平台及专业工作船等配套设施的完善，对抗风浪网箱规模化养殖至关重要。

三、海水池塘养殖

海水池塘养殖一般是在潮间带或潮上带，修建 0.5～5 公顷的土池，潮差纳入或机械抽入(或两者兼而用之)海水或半咸水，放人人工捕捞的天然苗或人工培育的鱼种，进行半精养或精养的养殖方式。

池塘养殖收成的好坏，池塘条件、苗种、饵料质量是基础，日常管理是关键。管理包括水质调节、饵料投喂、疾病防治等。

1. 水质调节

调节水质的目的是保持水体的理化与生物指标适合养殖生物的需要，使其处于最佳状态。主要指标：透明度 30～50 厘米，铵态氮小于0.5毫克/升，亚硝酸盐无或微量，pH值7.8～8.5，硫化物含量小于0.2毫克/升，溶解氧3毫克/升以上；池水中浮游动物与浮游植物的保有量处于动态平衡状态。根据池塘水质的具体情况选择适宜的调节方法。

2.饵料投喂

海水池塘养殖过程中浮游生物的培养尤为重要。池水中的生物总是处在变化之中，尤其在季节更迭时，浮游生物种类、数量都会发生变化，加之随着养殖生物体的生长，食量增大，天然饵料生物就不能满足需要，这时就要及时投喂代用饵料来补充生物饵料之不足。代用饵料主要有豆粉、花生粕浆、糠虾(蜢虾)浆、杂鱼浆等，投喂量根据池塘中天然饵料的多少来决定。

3.疾病防治

从池塘的清整、冻晒、药物清塘到水质调节、饵料培养、代用料投喂等各个环节着手，为养殖生物创造良好的生存条件，增强其体质，提高免疫力，防止疾病的发生。一旦发生疾病，要正确诊断，找出病因，及时采取相应的治疗措施，防止疾病蔓延。以对虾养殖为例，目前池塘对虾养殖主要存在产量低、效益不明显、口味不能得到消费者广泛认可、养殖池塘老化或者建设不合理而破坏了养殖生态系统等问题。这些问题的解决路径在于努力推进健康养殖模式：①从产量和效益角度看，提倡高密度工厂化养殖。②从生态合理性角度看，提倡多种类混养，在获得显著的经济效益的同时保护水域环境。如对虾、青蛤、江蓠这三种生物按照1∶1.3∶8.3的结构养殖，可使对虾的产量提高18.5%，氮利用率提高48%，水质变好，额外收获青蛤和江蓠产量，产出投入比提高39%。③保护生态环境，对一些严重老化的池塘放弃使用，恢复重建海岸带湿地生态系统。

全球对养鱼场的需求与海洋鱼类的供应量下降有关。由于进行了没有监管的大量商业捕捞，海洋鱼类的供应量持续下降，在开放型池塘养鱼的传统养鱼业再也不能满足对鱼类的需求。因此，为了满足长期养鱼的相关要求，以色列和美国一群专家组建了名为“Aquamaof Aquaculture Technologies Company”的公司，并且为工业化养殖开发了一种获得专利保护的创新型技术。采用这一新技术，养殖业户不需要考虑天气状况、所在国家、季节和其他外部因素，能够在温度受控制的环境中进行水产品养殖。与世界上的其他养殖模式相比，采用这种专利技术可以节省70%以上的能源和人力，极大降低了经营成本。这一专利的内部自动选择系统能够评估与计量每个养殖池中的鱼的数量，并且能够根据需要把鱼转移到其他水池之中，确保每个水池都饲养体型相同的鱼。在这种养殖模式下，养殖业户能够充分控制自己预先确定养殖鱼类的规模与水产品的品质。

四、筏式养殖

筏式养殖是在浅海水面上利用浮子和绳索组成浮筏，并用缆绳固定于海底，使海藻（如海带、紫菜）和固着动物（如贻贝）幼苗固着在吊绳上，悬挂于浮筏的养殖方式。贝类和藻类是我国筏式养殖的主要种类，约占全国海水养殖年产量的90%。但是任何单一种类的长期规模化养殖，都会对生态系统造成严重影响。如一个壳长5～6厘米的栉孔扇贝在1小时内可以把3升海水中的等鞭金藻从8 000细胞/毫升降至200细胞/毫升，因此，过度养殖贝类会抑制海洋的初级生产力水平，从而影响整个生态系统的平衡乃至稳定性。大型藻类可以高效吸收水体中的营养盐，如收获1吨淡干海带，就会减少10～15千克无机氮。当然，如果布局规划不合理，大型藻类会因为与浮游植物竞争营养盐，而导致养殖水域的初级生产力水平下降，进而影响生态系统的稳定性和贝类养殖的健康发展。因此，养殖容量的评估与海水养殖可持续发展是密切相关的。我国正在积极研究和推广贝藻综合养殖模式，包括扇贝、牡蛎、鲍鱼和海带的综合养殖。如养殖 1 亩[①]扇贝，大约 10 万粒扇贝，3～6 个月期间可以排泄氨氮 10 千克，这些氨氮能够满足生产 700～1 000千克淡干海带所需要的肥料。因此，贝藻混合养殖不但能产生很好的生态效益，也能产生较高的经济效益。山东桑沟湾采用海带—鲍间养模式后，亩产值比单养海带提高数倍。

五、浅海底播养殖

浅海底播养殖是我国沿海和海岛地区新兴起的发展快、效果明显的一种养殖方式，目前已粗具规模，主要养殖品种有海参、鲍鱼、海胆、虾夷扇贝、魁蚶及其他贝类等。底播养殖的关键技术是：首先要监测养殖水域的生态环境是否适宜底播，根据底播品种，评估养殖容量，确定放养规格、放养时间、放养密度等。其次要培育优质、健壮的苗种，同时要深入研究养殖品种的敌害生物防除技术、高效采捕技术等，以期合理利用海底资源，实现海底牧场综合效益的最大化。

底播养殖投资小、易管理，具有规模化养殖开发的优势，尤其适合海岛独特的海域条件，发展潜力十分巨大。底播养殖模式比较成功的例子是獐子岛渔业公司已经开展的虾夷扇贝、鲍鱼、海胆和海参的多营养层次综合养殖模式，辽宁、山东等地开展的菲律宾蛤仔底播养殖模式等。

虾夷扇贝比较适宜底播增殖。首先选择苗种的规格，一般底播规格应在 3.5 厘米以上，这样才能确保成活率，若苗种规格小于 2 厘米时，底播成活率很低。底播一年当中春、秋两季即可，从 4 月下旬开始到 5 月中旬前结束的春季底播效果最好；从 10 月下旬至 11 月中旬的秋季底播次之。

底播密度一般要求每平方米 25 粒左右，密度过大，生长速度

---

① 农业种植、渔业养殖常用面积单位，1 亩＝1/15 公顷≈666.67 平方米。

较慢,密度过少,不利形成种群优势。底播海区一般选择流水通畅,饵料丰富,底质为砂泥底,水深10～25米为最好。通过近几年的研究观察发现,虾夷扇贝对环境条件要求并非十分严格,水深6～40米而且不同底质的海区均可进行底播。

虾夷扇贝底播方式最好是潜水员到水下撒播,也可以在船上直接撒播。在虾夷扇贝底播前,应由潜水员将底播海区的敌害生物清除干净,底播后一般情况下不可随意进入育播区,底播增殖区要坚决杜绝拖网和垂钓生产,从而保证虾夷扇贝免受敌害侵扰,使其正常快速生长。放流底播虾夷扇贝若管理得当,通过2～3年的生长,回捕率最高可达35%以上。虾夷扇贝养殖是新兴优势养殖项目,只要规划合理、养殖科学、管理得当,一定会取得良好的经济效益。

我国底播综合养殖的理论研究还比较薄弱,很多企业和科学工作者正在积极进行这方面的尝试。

表2-1　海水规模养殖模式及特征

养殖模式	养殖特点	常见养殖品种
工厂化养殖	养殖成本高,适合养殖利润高、比较娇贵的品种	鱼类
	依靠投放全价饲料满足水产品营养需求	
	产量高、污染大、易暴发疾病	
浮筏养殖	高密度下垂式养殖	贝类
	由于离水面近且没有坝堰的保护,易受气候的影响	
	产量高、污染大、易暴发疾病	
池塘养殖	养殖密度适中,成活率高,不易受风暴影响	海参、鲍鱼、海蜇、虾
	产量适中、污染较大	
底播养殖	与野生环境较为接近,不需要投放藻类等饵料	贝类、海参
	产量低、养殖周期长,但品质好	

资料来源:中国渔业年鉴(2009)。

总之，上述养殖模式都是依托现代工业基础而建立起来的集约化养殖模式，养殖全过程可以采用机械化或自动化操作，以养殖的机械化、数字化为支撑，具有养殖装备先进，养殖环境可控，单位水体养殖密度高，养殖效益高特点。从渔业管理的角度看，整个养殖过程的生产管理、产品收获、安全检测等容易控制，收获的产品能够做到均衡上市，社会、经济和生态效益良好，被国际上公认为现代化海水养殖产业的发展方向。尤其对全封闭式或半封闭式的陆基工厂化养殖模式来说，更以工业化理念为指导，将育苗、养殖、加工、营销等系列生产工艺全部纳入工业化管理流程之中，而且工厂化养殖不受地域、岸带和气候条件的限制，整个系统可以配套、组装，按需搬迁至任何地点进行生产。

实践中，同一物种可能采取多种养殖模式，如海参养殖。据统计资料表明，2003 年我国海参养殖总产量为 3.89 万吨，而到 2012 年我国海参养殖面积达 18.154 4 万公顷，总产量达到 17.083 万吨。我国海参养殖规模不断扩大，方式多种多样，形成了海上沉笼养殖、池塘养殖、围堰养殖、浅海围网养殖、海底网箱养殖、人工控温工厂化养殖及参鲍混养、虾参混养等多种养殖模式。其中最主要养殖方式是围堰养殖、虾池养殖和底播养殖三种。围堰养殖是在潮间带围建池塘，通过人工干预进行海参养殖。虾池养殖是在底质较好的虾池或滩涂进行排水系统改造，再投放海参苗进行养殖。底播养殖是在适养海域投放海参苗，任其在海底自然生长、繁殖的养殖方式，这种方式类似与野生养殖，品质相对前两种较高。前两种方法一般养殖密度较高，亩产在 100～150 千克，但由于水深较浅，发生冰冻灾害时容易缺氧而死，如 2009 年冬季黄、渤海冰冻灾害虾池养殖损失最大。虾池养殖主要是个体户分散经营，底播养殖需要具备较强资金、技术实力的企业来经营。目前在价格上，不同的养殖方式影响不大，地域差别更具有影响力，但随着消费者对海参养殖模式认知度的提高，底播养殖的海参溢价越来越明显。

表 2-2　海参养殖方式比较

养殖方式	优点	缺点	投苗密度	亩产	成活率
底播养殖	最接近野生养殖，营养丰富，养殖密度小，不易发生疫病	海域资源有限，养殖周期长为 2～3 年，成活率低	一亩投 25～30 千克，最多 50 千克	50～100 千克/亩	10%～30%
围堰、虾池养殖	养殖周期短，人工干预可提高养殖成活率	品质不如底播养殖，养殖密度过低，易发生疫病	50～75 千克/亩，条件好的投 100 千克/亩	100～150 千克/亩	30% 以上

第三章　我国海水养殖业发展的概况与成效

我国的海域面积居全世界第四位，邻接大陆海域分别是渤海、黄海、东海和南海，渐次跨越温带、亚热带和热带三大气候带，蕴藏着丰富的生物资源。水深在200米以内适宜于水产业生产的大陆架面积为227万平方千米，沿海滩涂宽广，适宜于养殖的面积有133.33万公顷，为海水养殖业的发展提供了极为有利的自然条件。

我国的海水养殖业有着悠久的历史，早在1959年我国就提出了开展淡水和海水养殖，肯定了“以养为主，积极发展捕捞”的方针，养殖总量不断增长，所占比重稳步提高，1980年养殖产量是1960年的约2.2倍，而同期海洋捕捞产量是1.3倍，这说明渔业产业政策调整的效果正逐步显现。面对由于过度捕捞对渔业资源破坏带来的种种问题，我国政府于1985年再次确定了“以养为主”的战略安排，并在20世纪90年代初实现海水养殖所占比重超过海洋捕捞的成绩，同时成为世界上唯一一个也是第一个养殖产量超过捕捞产量的国家。2000年修改后的《渔业法》进一步规范了养殖业的健康发展；2003年通过的《水产养殖质量安全管理规定》提出提高养殖水产品质量安全水平，保护渔业生态环境，促进水产养殖业的健康发展。2006年为贯彻落实《农业部关于实施“九大行动”的意见》（农发〔2006〕2号）精神，确保水产养殖业增长方式转变行动各项措施取得实效，农业部制订了《水产养殖业增长方式转变行动实施方案》。这些法规和政策对我国水产养殖业发展发挥过决定性的作用。2005年，国内养殖水产品的产量占总体产量的66.7%。

2006 年养殖产量 3 593.95 万吨，占总产量的比重达到 68%。从此以后，我国海水养殖业均以绝对优势占据海洋渔业的重要位置。2012 年 3 月《全国海洋功能区划（2011—2020 年）》经国务院批准，其中渔业规划目标是：至 2020 年，沿海各地区要逐步修复水域生态环境，基本遏制渔业资源衰退和濒危物种数目增加的趋势，继续实施捕捞控制政策，捕捞能力、捕捞产量充分考虑渔业资源的可承受能力，继续拓展海水养殖用海的功能区面积，面积不能低于 260 万公顷。由此可见，从海洋渔业的长远发展来看，海水养殖业无疑成为我国发展海洋渔业的战略重点。

第一节　我国海水养殖业发展概况

一、养殖品种、结构

我国有着丰富的海洋生物资源和渔业水域。四大海域有海洋生物 3 000 多种，其中可捕捞、养殖的鱼类有 1 694 种，经济价值较大的有 150 多种。四大海域 15 米等深线以内的浅海和滩涂面积有 12 万平方千米，潮间带面积 2 万平方千米。大陆海岸线 1.8 万千米，加上岛屿岸线 1.4 万千米，共 3.2 万多千米，可供捕捞和养殖生产的渔场面积近 300 万平方千米。目前，滩涂的利用率只有 20% 左右，20 米等深线以内的浅海利用率仅为 0.5%，海水养殖业发展潜力巨大，是解决我国未来食物安全的重要途径，也是我国现代农业发展战略的必然选择。

我国养殖品种增多，据初步统计，目前海水养殖的鱼类、甲壳类、贝类、藻类等品种有 70 多种，纳入统计体系的主要种类如表3-1 所示。

据《中国渔业年鉴（2013）》资料，2012 年，全国海水养殖产量达到 1 643.810 5 万吨，占海水产品产量的 54.19%，2011 年这一比值为 53.35%。其中，2012 年海水养殖的鱼类产量102.839 9万吨，甲壳类产量 124.954 4 万吨，贝类产量 1 208.439 3 万吨，藻类产量 176.468 4 万吨，其他类 31.107 5 万吨，2011 年、2012 年养殖产量中贝类、藻类所占比重合计达到 84%。从养殖面积来看，这两年贝类的养殖面积所占比重接近 70%，这充分说明我国海水养殖虽然取得了令人瞩目的成绩，但仍以养殖贝类、藻类为主。具体内容见表 3-2。

表 3-1　我国海水养殖的种类

种类	具体品种
鱼类	鲈鱼、鲆鱼、大黄鱼、军曹鱼、鰤鱼、鲷鱼、美国红鱼、河鲀、石斑鱼、鲽鱼
甲壳类	虾(凡纳滨对虾、斑节对虾、中国对虾、日本对虾)、蟹(梭子蟹、青蟹)
贝类	牡蛎、鲍鱼、螺、蚶、贻贝、江珧、扇贝、蛤、蛏
藻类	海带、裙带菜、紫菜、江蓠、麒麟菜、石花菜、羊栖菜、苔菜
其他	海参、海胆、海水珍珠、海蜇

资料来源：中国渔业年鉴(2013)。

表 3-2　2008～2012 年我国海水养殖的品种结构

种类	养殖面积				养殖产量			
	2011 年		2012 年		2011 年		2012 年	
	面积(千公顷)	占比(%)	面积(千公顷)	占比(%)	产量(万吨)	占比(%)	产量(万吨)	占比(%)
鱼类	73.899	3.5	72.898	3.3	96.4189	6.2	102.8399	6.3
甲壳类	307.371	14.6	289.953	13.3	112.718 9	7.3	124.955 4	7.6
贝类	1 409.107	66.9	1 474.890	67.6	1 154.362 6	74.4	1 208.439 3	73.5
藻类	119.233	5.7	120.801	5.5	160.176 4	10.3	176.468 4	10.7
其他类	196.772	9.3	222.385	10.2	27.652 4	1.8	31.107 5	1.9
合计	2 106.382	100	2 180.927	100	1 551.329 2	100	1 643.810 5	100

数据来源：中国渔业年鉴(2013)。

二、养殖面积

近年来，我国海水养殖业的规模不断发展壮大，海水养殖的产量也超过了海洋捕捞的产量，成为海洋渔业产量的主要来源。海水养殖需要投入一定的海域，海水可养殖面积也与海水养殖的产量密切相关。从以下各表中可以观察到我国海水养殖的海域面积投入状况。

1. 海水养殖面积的总体概况

近几年来，我国海水养殖面积逐年增加，已从 1999 年的 1 094 千公顷，增加到 2012 年的 2 180. 927 千公顷，原因主要在于产量分布不均导致低值产品必须扩大养殖范围，所以即使是在 1993 年大规模暴发养殖病害时，我国也未能抑制养殖面积的增长。表 3-3 反映了 1999 年以来我国海水养殖面积变化的情况。

表 3-3　1999～2012 年海水养殖面积　　单位：千公顷

年份	1999	2000	2001	2002	2003	2004	2005
养殖面积	1 094	1 244	1 286	1 345	1 532	1 617	1 695
年份	2006	2007	2008	2009	2010	2011	2012
养殖面积	1 774	1 331	1 578	1 859. 31	2 080. 88	2 106. 38	2 180. 93

数据来源：中国渔业年鉴（2000～2013）。

2. 海水养殖的水域分布

从便于统计的角度，按水域划分，海水养殖业分为海上养殖、滩涂养殖、其他养殖。这里所说的海上养殖是指在低潮位线以下从事海水养殖生产活动，滩涂养殖是指在潮间带间从事海水养殖生产活动，其他养殖是指在高潮位线以上从事海水养殖生产活动。表 3-4 反映了 2011～2012 年海水养殖面积的增长变化情况。2012 年海水养殖面积增长了 75 545 公顷，其中主要是海上养殖面积增加，海上养殖面积达到 1 216. 714 公顷，占全部养殖面积的 55%。

从养殖方式来看，导致养殖面积增加的主要是普通网箱养殖与工厂化养殖，其中普通网箱养殖从 2011 年的 21 180.352 平方米增加到 2012 年的 39 831.261 平方米，增长率为 88%；工厂化养殖从 2011 年的 14 904.654 立方米增加到 2012 年的 19 243.855 立方米，增长率近 30%。

表 3-4　2011～2012 年海水养殖面积　　单位：千公顷

项目	养殖类型	2012 年	2011 年	2012 比 2011 增减情况	
				绝对量	幅度(%)
		2 180.927	2 106.382	75.545	3.54
按水域分	海上	1 216.714	1 150.795	65.919	5.73
	滩涂	691.322	677.207	14.115	2.08
	其他	272.891	278.380	−5.489	−1.97
按养殖方式分	池塘	437.630	405.396	32.234	7.95
	普通网箱(平方米)	39 831.261	21 180.352	18 650.909	88.06
	深水网箱(立方米)	4 379.017	7 236.108	−2 857.091	−39.48
	筏式	395.233	371.641	23.592	6.35
	吊笼	104.604	84.204	20.400	24.23
	底播	998.334	850.011	148.323	17.45
	工厂化(立方米)	19 243.855	14 904.654	4 339.201	29.11

数据来源：中国渔业年鉴(2013)。

3.海水养殖的省域分布

由于海水养殖业的区位要求，我国海水养殖大部分选择在近岸水域，并主要是滩涂养殖和港湾养殖，主要产地布局在天津、河北、辽宁、山东、江苏、浙江、福建、广东、广西、海南等省份，但沿海各省份发展参差不齐，浙江、江苏、广东的海水养殖面积逐年降低，如江苏的养殖面积由 2011 年的 201.073 千公顷降低到 2012 年的 199.352 千公顷，浙江的养殖面积由 2011 年的 90.839 千公顷降低到 2012 年的 89.747 千公顷，广东的养殖面积由 2011 年的203.410

千公顷降低到 2012 年的 201.834 千公顷。而山东、辽宁的养殖面积有较大幅度增加，如山东的养殖面积由 2011 年的 512.126 千公顷增加到 2012 年的 523.705 千公顷，增加了11.579千公顷；辽宁的养殖面积由 2011 年的 751.387 千公顷增加到 2012 年的 813.035 千公顷，增加了 61.648 千公顷。

表 3-5 沿海各省份海水养殖面积变化情况 单位：千公顷

年份	2007	2011	2012
全国	1 331.478	2 106.382	2 180.927
天津	6.840	4.110	3.992
河北	92.960	134.264	14.682
辽宁	294.800	751.387	813.035
江苏	148.160	201.073	199.352
浙江	56.750	90.839	89.747
福建	110.120	142.315	145.486
山东	406.170	512.126	523.705
广东	159.295	203.410	201.834
广西	47.250	52.212	53.249
海南	9.120	14.646	15.845

数据来源：中国渔业年鉴(2008、2013)。

从表 3-5 的数据可以看出，山东的海水养殖面积在全国居于首位，2007 年占到了全国总面积的 30.5%，将近 1/3。2011 年、2012 年山东的海水养殖面积占全国总面积的 1/4。且山东的海水养殖面积增长绝对值居于全国前列，相对增速也处于全国前几位。这充分证明了山东省海水养殖业在全国的龙头地位。

再从沿海各省份的具体养殖水域来看(表 3-6)，辽宁的海上养殖面积最大，为 611.668 千公顷，占全国海上养殖总面积的50.3%，其次是山东，占全国海上养殖总面积的 25.6%。山东的滩涂养殖面积最大，为 191.405 千公顷，占全国滩涂养殖面积的27.7%，其次是江苏和辽宁，占全国滩涂养殖总面积近 19%。从集约化养殖方式的省份分布来看，山东的优势比较明显，该省深水网箱养殖几乎占到全国这一养殖方式的 50%，工厂化养殖占到全国这一养殖方式的 37%。福建的普通网箱养殖面积达到 5 660 178 平方米，占全国这一养殖方式的 74%。山东的普通网箱养殖面积为 5 505 834 平方米，占全国这一养殖方式的 13.8%。

表 3-6　2012 年沿海省份海水养殖的内在结构　单位：千公顷

地区	海水养殖面积合计	按养殖水域分			集约化养殖方式		
		海上	滩涂	其他	深水网箱（立方米）	普通网箱（平方米）	工厂化（立方米）
全国	2 180.927	1 216.714	691.322	272.891	4 379 017	39 831 261	19 243 855
天津	3.992	0		3.992	0	0	388 000
河北	134.682	89.087	26.364	19.231	0	0	1 766 978
辽宁	813.035	611.668	130.046	71.321	493 000	204 993	2 952 658
上海	0	0	0	0	0	0	0
江苏	199.352	39.835	130.605	28.912	21 893	25 000	418 877
浙江	89.747	16.596	45.002	28.149	653 408	1 328 150	127 835
福建	145.486	68.715	53.246	23.525	285 140	29 480 552	5 660 178
山东	523.705	310.996	191.405	21.304	2 056 054	1 443 571	7 120 127
广东	201.834	60.068	84.949	56.817	684 394	5 505 834	426 126
广西	53.249	16.628	19.632	16.989	113 416	454 094	0
海南	15.845	3.121	10.073	2.651	71 712	1 389 067	383 076

数据来源：中国渔业年鉴(2013)。

三、养殖产量

随着科技进步，我国海水养殖业从小到大，由单一品种到多品种，并逐渐向设施渔业、海洋农牧化的方向发展，海水养殖产量已由 1999 年的 974.298 5 万吨增加到 2012 年的 1 643.810 5 万吨。表 3-7 显示了 1999～2012 年我国海水养殖业产量增长情况。

表 3-7　1999～2012 年海水养殖产量　　单位：万吨

年份	1999	2000	2001	2002	2003	2004	2005
产量	974.298 5	1 061.286 5	1 131.532 3	1 212.843 7	1 253.306 1	1 316.704 9	1 258.173
年份	2006	2007	2008	2009	2010	2011	2012
产量	1 264.156 6	1 307.34	1 340.3	1 405.22	1 482.30	1 551.329 2	1 643.810 5

数据来源：中国渔业年鉴(2000～2013)。

从养殖水域来看(表 3-8)，海水养殖业产量主要来自于低潮位线以下海上养殖。2012 年全国海水养殖产量达到 1 643.810 5 万吨，其中 55%来自于海上养殖，滩涂养殖占 34%。山东的海水养殖产量为 436.244 3 万吨，占当年全国海水养殖总产量的 26.5%；福建的海水养殖产量为 332.659 5 万吨，占当年全国海水养殖总产量的 20.2%。山东的海水养殖中近 70%来自于低潮位线以下海上养殖，福建的这一比重为 63%，这说明我国海水养殖业产业高度相对较低。天津的海水养殖业主要来自于海珍品的养殖。

表 3-8　2012 年按养殖水域划分的海水养殖产量　　单位：万吨

地区	海上养殖	滩涂养殖	其他养殖	合计
全国	898.139 8	563.985 5	181.685 2	1 643.810 5
天津	0	0	1.428 5	1.428 5
河北	30.776 3	4.503 5	2.926 3	38.206 1

（续表）

地区	海上养殖	滩涂养殖	其他养殖	合计
辽宁	162.469 9	81.298 6	19.794 2	263.562 7
上海	0	0	0	0
江苏	18.683 7	51.189 9	20.622 3	90.495 9
浙江	27.253 3	35.418 8	23.464 3	86.134 3
福建	208.425 8	101.906 1	22.327 6	332.659 5
山东	302.839 1	117.800 4	15.604 8	436.244 3
广东	113.071 8	114.911 3	47.753 1	275.736 2
广西	29.975 1	45.754 3	22.001 3	97.730 7
海南	4.644 8	11.202 6	5.762 8	21.610 2

数据来源：中国渔业年鉴(2013)。

从养殖方式来看(表 3-9)，我国海水养殖主要是筏式养殖与底播养殖。2012 年筏式养殖达到 453.727 1 万吨，占全国海水养殖总产量 27.6%；底播养殖达到 440.904 6 万吨，占全国海水养殖总产量 26.8%。由于海水养殖业的区位特征与自然条件要求，各省份采取多种养殖方式。山东省海水养殖业中通过底播养殖方式获得的产量是 170.676 8 万吨，占该省海水养殖总产量的 39.1%；通过筏式养殖方式获得的产量是 150.371 0 万吨，占该省海水养殖总产量的 34.5%。福建省通过筏式养殖方式获得的产量是 114.577 6万吨，占该省海水养殖总产量的 34.4%。广东省通过池塘养殖方式获得的产量是 51.152 5 万吨，占该省海水养殖总产量的18.6%。辽宁省通过底播养殖方式获得的产量是 99.828 1 万吨，占该省海水养殖总产量的 37.9%。深水网箱养殖、工厂化养殖对于沿海各省份海水养殖业的贡献微乎其微。

表 3-9　2012 年按养殖方式划分的海水养殖产量　　单位:万吨

地区	池塘养殖	普通网箱养殖	深水网箱养殖	筏式养殖	吊笼养殖	底播养殖	工厂化养殖	合计
全国	212.702 0	39.351 0	7.097 4	453.727 1	96.670 4	440.904 6	15.891 6	1 643.810 5
天津	1.093 5	0	0	0	0	0	0.335 0	1.428 5
河北	3.432 4	0	0	29.593 4	0	4.353 2	0.636 3	38.206 1
辽宁	17.770 6	0.284 5	0.222 0	73.998 2	1.322 3	99.828 1	3.783 9	263.562 7
上海	0	0	0	0	0	0	0	0
江苏	28.543 3	0.002 0	0.011 1	10.675 7	0.160 0	42.912 9	0.878 9	90.495 9
浙江	23.483 6	3.171 9	0.165 3	20.595 3	0.406 7	24.662 3	0.071 7	86.134 3
福建	23.930 0	17.164 3	0.813 7	114.577 6	9.585 8	37.946 6	1.116 4	332.659 5
山东	29.352 8	3.735 0	2.225 2	150.371 0	71.475 8	170.676 8	8.397 7	436.244 3
广东	51.152 5	10.133 6	1.998 2	28.245	13.507 3	39.507 1	0.404 1	275.736 2
广西	19.918 1	3.235 7	0.212 9	25.681 4	0.208 0	19.954 1	0	97.730 7
海南	14.025 2	1.624 0	1.449 0	0	0.004 5	1.063 5	0.267 6	21.610 2

数据来源:中国渔业年鉴(2013)。

从养殖品种的产量来看,虽然我国海水养殖品种的总量均表现出不断增长的趋势,但从内在结构可以发现,我国海水养殖业产量主要来自于贝类和藻类。表 3-10 的统计数据显示了这一业态。其中,贝类在海水养殖总产量中比重基本上保持在 75%左右,藻类占 10%的水平。营养价值相对较高的鱼类、甲壳类比重一直徘徊在 5%～6%的水平上。海参等海珍品所占比重不到 2%,2011 年为 27.652 4 万吨,2012 年为 31.107 5 万吨。

表 3-10　2008～2013 年全国海水养殖产量表　　单位:万吨

年份	指标	鱼类	甲壳类	贝类	藻类	总计
2008	绝对额	74.75	94.18	1 008.09	138.602 2	1 340.3
	占比(%)	5.6	7.0	75.2	10.3	100

（续表）

年份	指标	鱼类	甲壳类	贝类	藻类	总计
2009	绝对额	76.8	101.69	1 053.04	145.64	1 405.22
	占比（%）	5.5	7.2	74.9	10.4	100
2010	绝对额	80.82	106.11	1 108.23	154.13	1 482.30
	占比（%）	5.5	7.2	74.8	10.4	100
2011	绝对额	96.418 9	112.718 9	1 154.362 6	160.176 4	1 551.329 2
	占比（%）	6.2	7.3	74.4	10.3	100
2012	绝对额	102.839 9	124.955 4	1 208.439 3	176.468 4	1 643.810 5
	占比（%）	6.3	7.6	73.5	10.7	100

数据来源：中国渔业年鉴（2009～2013）。

四、养殖产值

单从产量这个指标还不足以完整地表明我国海水养殖业的产出，还应该计算海水养殖业的总产值，把这两个方面综合起来加以考虑。随着海水养殖业发展，海水养殖量在我国水产品养殖总量中占比稳定在40%左右，并保持年均5%～8%的增长速度。海水养殖业的产值：2003年为733.75亿元，2004年为797.37亿元，2005年为941.95亿元，2006年为965.71亿元，2008年为1 263.37亿元，2010年为1 650.60亿元，2011年为1 931.36亿元，2012年为2 264.54亿元，年均增长率为10.5%。表3-11反映了2011年、2012年的海水养殖业的产值与增加值的变化情况。

表3-11　2011～2012年海水养殖产值与增加值　单位：亿元

2012年		2011年		2012比2011增减情况	
产值	增加值	产值	增加值	产值	增加值
2 264.536 295	1 308.179 796	1 931.364 455	1 141.368 839	333.171 840	166.810 957

数据来源：中国渔业年鉴（2013）。

再从相关统计数据来看，2012 年海水养殖产值占当年渔业经济总产值的 13.1%，占渔业产值的 25%，这两个指标在 2007 年的数值分别是 11.1%、21.3%。2012 年海洋捕捞产值占当年渔业经济总产值的 9.9%，占渔业产值的 18.9%，2007 年海洋捕捞产值占当年渔业经济总产值的 10.18%，占渔业产值的 19.6%。这说明，海水养殖业在海洋渔业中绝对规模、相对规模稳步增长，产业地位逐步提升，海水养殖业产值在绝对量与相对量上都已经超过了海洋捕捞业，成为海洋渔业中的主导力量。

从沿海各省份的海水养殖业的产值来看（表 3-12），2012 年山东省海水养殖业的产值达到 655.607 0 亿元，居第一位，占全国海水养殖业总产值的 28.95%。福建省海水养殖业的产值为 436.471 583亿元，居第二位，占全国海水养殖业总产值的19.27%。从产业增加值来看，2012 年山东省海水养殖业增加值达到 399.920 3亿元，居第一位，占全国海水养殖业增加值的30.57%。福建省的这一比重为 18.65%，居第二位。

表 3-12　2012 年沿海各省份海水养殖业产值　　单位：亿元

地区	产值	增加值
全国	2 264.536 295	1 308.179 796
天津	5.280 6	2.607 0
河北	66.221 495	39.141 916
辽宁	347.858 6	226.634 4
上海	0	0
江苏	124.063 4	62.489 1
浙江	129.340 0	82.231 8
福建	436.471 583	243.921 1

（续表）

地区	产值	增加值
山东	655.607 0	399.920 3
广东	324.527 717	123.879 031
广西	107.991 3	78.833 649
海南	67.174 6	48.521 5

数据来源：中国渔业年鉴（2013）。

第二节　我国海水养殖业取得的主要成就

综上所述，我国海水养殖业长期以来处于稳步发展态势。特别是进入新世纪之后，我国继续大力实施“以养为主”的战略方针，积极推进海水养殖业的多品种、多模式、工厂化和集约化发展，不但有效解决了我国水产品有效供给问题，而且夯实了我国作为世界渔业生产大国、水产品出口大国和第一海水养殖大国的战略地位。

一、海水养殖业是我国成为世界海洋渔业大国的重要支撑

2013 年 FAO 发布了 2011 年世界水产养殖概况（表 3-13）。统计结果显示近 10 年，水产养殖产量每年以 5.2%～7.7%的速度增长。2011 年世界水产养殖产量达 6 270 万吨，比上一年增长 6.2%。其中，亚洲水产养殖产量达 5 550 万吨，占世界水产养殖总产量的 88.5%，美洲和欧洲分别占 4.7%和 4.3%。世界水产养殖的产值达 130 亿美元，其中藻类养殖产量为 2 100 万吨，产值 5.5 亿美元。

表 3-13　世界水产养殖产量(2001～2011 年)　　单位:万吨

年份	1970	1975	1980	1985	1990	1995	2000	2005	2010	2011
鱼类	150	210	280	520	870	1 500	2 080	2 800	3 830	4 160
软体动物	110	150	180	250	360	820	980	1 210	1 420	1 440
甲壳类	0		0.1	30	80	110	170	380	570	590
其他	0		0	0	0	10	20	40	80	80
合计	260	360	470	800	1 310	2 440	3 240	4 430	5 900	6 270

就世界范围来说,水产养殖是动物食品生产部门增长最快的产业,其增速超过人口增速,来自水产养殖的人均供应量从 1970 年的 0.7 千克增加到 2006 年的 7.8 千克,年平均增长率为 6.9%。水产养殖业已经超过捕捞渔业作为食用鱼的一个来源。从 20 世纪 50 年代早期年产量不足 100 万吨的产业,发展到 2011 年报告的产量达到 6 270 万吨,产值近 900 亿美元,年增长率近 7%。2012 年,世界食用鱼供应的 1/2 来自水产养殖。世界水产养殖主要在亚太区域发展,占世界产量的 89%和产值的 77%。主要是由于中国的巨大产量,其占全球产量的 67%和产值的 49%。①

我国在 1990 年首次实现了海水养殖产量超过捕捞产量。截至 2013 年,20 余年间我国养殖产量占水产品总产量的比重大约为 70%。在我国,90%的食用鱼产量来自于水产养殖。改革开放以来,中国渔业得到了快速发展,水产品产量连续 30 余年居世界第一。中国水产品产量之所以能够连续多年占世界水产品总量的 1/3,主要原因在于我国养殖业的产量多年来一直占到世界养殖总产量的 70%以上,是世界上唯一一个养殖产量超过捕捞产量的国家。同时,用于海水养殖动物的人工配合饲料所需原料主要来自水产动物加工废弃物、非经济鱼类、农副产品和食品加工后剩下的

① 参考 FAO 报告:2013 年世界渔业和水产养殖状况。

人们不能食用的下脚料，如榨取和提炼大豆油后剩下的豆饼和豆粕，生产花生油后剩下的花生饼和花生粕，酿酒后剩下的酒糟，禽类加工后剩下的羽毛等。海水养殖一方面为人类提供了含优质蛋白质和优质脂肪酸的水产品，另一方面高效利用了人们不能食用的“食物”副产品。可见，海水养殖对提高人们生活水平，建设资源节约型社会意义重大，海洋生物资源对保障我国食物安全的贡献必将越来越大。

二、科技在提升生产要素品质方面的效应渐行渐近

我国海水养殖业取得令世人瞩目的成就，除国家改革开放政策的保障之外，关键在于科技成果转化的促进。我国水产领域成果的 80%来自中国水产科学研究院。中国水产科学研究院是国家级水产科研机构，担负着全国水产业重大基础、应用研究和高新技术产业开发研究的任务，全院现有海区研究所 3 个、流域研究所 4 个、专业研究所 2 个、增殖实验站 4 个及院部共 14 个单位，与地方共建了 5 个研究机构，分布在全国的 12 个省(市)。建院以来，全院培育了一大批推动产业发展的重要科技成果，有 560 多项获国家级和省部级奖励，其中国家奖 56 项。全院以占全国水产科研单位约 20%的科技人员，取得占全国水产行业 50%以上的国家奖和省部级成果奖，为我国水产业快速发展、渔民持续增收作出了重要的贡献。

首先，选育水产优良品种，支撑海水养殖业健康发展。中国水产科学研究院引进、驯化或育成了大菱鲆、史氏鲟、“夏奥 1 号”奥利亚罗非鱼、“黄海 1 号”中国对虾、“黄海 2 号”中国对虾、“太湖 1 号”青虾、松浦镜鲤、鳗鲡、哲罗鱼等 20 余个优良新品种(品系)，育种技术进一步熟化，为规模化育苗奠定了基础，并迅速转化和应用，加快了这些新品种、新成果的产业化进程，有力地支撑产业可持续发展和产业结构调整。其中大菱鲆、鲟鱼、罗非鱼已经形成了

年产值数十亿元的产业规模。其次，建设高效低耗养殖设施，推进现代渔业健康养殖模式。通过科技成果转化资金项目的支持，建立了复合池塘养殖生态系统、淡水鱼类原良种场设施与水体自然净化系统等一批健康养殖设施系统，有力地促进了苗种产业的发展，提高苗种生产的产业化、规模化及标准化水平，具有良好的社会和生态效益。健康养殖理念得到深入，为当前我国池塘养殖业的可持续发展起到了有力推动作用。如复合池塘养殖生态系统的示范推广，使养殖产量提高30%，生产出优质鱼类98.1吨，向市场提供了大量优质安全的水产品，有利于保障人民对优质动物蛋白的需求。实现销售收入173.88万元，经济效益提高了15%以上。节水效果达到28.6%以上，污染物减排达到30%以上，改变了池塘养殖药物无度滥用而造成环境污染恶化、修复困难以至于水资源难以持续利用的局面。第三，深入开发绿色饲料及添加剂，为生态型养殖提供技术支撑。为提升水产养殖饲料利用率，稳定鱼苗水质环境，减少污染，中国水产科学研究院科研人员开发了十余种绿色饲料及添加剂。如水产饲料新蛋白源与高效配合饲料、渔业环境微生物生态调节剂、渔业水环境生物净水剂等。其中黄海所开发的海水鱼类绿色饲料添加剂使鱼的成活率提高10%，增长率提高18%～22%，饲料系数达到0.9～1.0，养殖排放水质BOD、COD、氮和磷的排放量分别减少15%左右。这些高效饲料及添加剂不仅提升了饲料利用和饲料加工的科技含量，支撑了水产养殖农牧化发展，对我国高密度集约化养殖条件下，降低养殖成本，减少因营养不平衡引起的病害，提高生产率，有效降低养殖排泄物对生态环境的污染具有重要意义。

农业科技入户示范工程的一套完整的科技推广网络开始形成，省、县渔业主管部门通过政府推动、项目带动、专家负责、技术指导员包户的形式，紧紧围绕“河蟹、对虾、罗非鱼”等主导品种和“测水养殖水质调控技术、优质苗种生产技术、健康养殖技术、水产食品安全技术"等主推技术，通过部级专家—省级专家—县级专家—技术指导员—示范户—辐射带动农户这条科技"传送带"，把先进、实用的增产、增效技术和科技成果输送到了田间地头和农民的手中，使示范户先进实用技术入户率和到位率均达到90%以上，示范户养殖收入比上年提高10%以上。

据测算，海水养殖业新增产值中，科技贡献率为41%，其中饲料应用和技术改进贡献占65%～70%。而从渔业科研投入和固定资产投入分析中可知，目前的投入从绝对量和相对量上来说都处于偏低的水平，与发达国家的差距还很大，为此，我国应加大投入，特别是中央和地方财政的支持，保证渔业的健康稳定发展。

三、海水养殖业成为海洋渔业产业结构调整的重要方向

海水养殖业已成为我国调整海洋渔业产业结构的主要支撑。"十二五"期间，全国水产品产量由"十五"期末的4 279万吨提高到2012年的5 907.68万吨。新增产量主要来自于水产养殖，养殖产量占总产量的比重由67%提高到72.6%，从事养殖业的人口1 300余万人。海水养殖与淡水养殖获得了同步发展，目前海水养殖量在我国水产品养殖总量中占比稳定在40%左右，并保持年均5%～8%的增长速度。海水养殖业已经成为我国转移渔业劳动力的主要产业，世界渔民和养殖渔民人口为3 800万人，我国渔业劳动力达到1 300万人，净占世界渔民(含养殖渔民)的1/3。近几年仅对虾养殖就吸纳就业接近50万人。渔民人均收入由1978年的93元增加到2012年的11 256元，高出同期农民人均收入3 000多元。可以说，海水养殖业给农业和农村经济发展注入了新的发展活力，大量的农村劳动力从事水产业生产走上了富裕之路。随着养殖新品种、新技术的引进、推广，大水面养殖、深水区养殖、冷水性鱼类养殖、休闲旅游观光复合型养殖将不断发展，海水养殖业在培育特色产业，调整优化产业结构中的战略作用将越来越大。

四、海水产品冷链流通体系初步建成

海洋水产物流贯穿海水产品整条供应链，是将生产、采购、运输、仓储、库存、装卸搬运以及包装等活动综合起来的一种新型的集成式过程。水产品物流是食品物流体系中专业性较强的物流行业，它既有一般商品物流的基本特征，又有鲜明的行业特点。海水产品的自然特性(贮存期短、易腐烂变质等)决定了海洋食品物流同一般的物流相比有一些特殊性，海水产品的物流体系必须建立在冷链物流的基础上。海水产品获得之后，产品加工、贮藏、运输、分销、零售等环节始终处于适宜的低温控制环境下，最大限度地保证水产品品质和质量安全，减少损耗、防止污染。目前，全国有近 2 万座冷藏库，总容量达到 880 万吨的冷库，其中 140 万吨为冷却物冷藏量，740 万吨为冻结物冷藏量；1 910 辆机械冷藏列车，20 000 辆机械冷藏汽车，冷藏船吨位 10 万吨，集装箱的年生产能力已经达到 100 万标准箱。逐步形成了以批发市场为主体，加工、配送、零售为核心的市场交易物流体系，并形成了以沿海大城市群为中心的三大区域性物流圈：以北京、天津、沈阳、大连和青岛为中心的环渤海物流圈；以广州和深圳为中心的珠江三角洲物流圈；以上海、南京、杭州和宁波为中心的长江三角洲物流圈。目前，我国有专业水产批发市场 340 多家，国家定点水产批发市场 20 家，通过批发市场流通的比例超出 50%，但承担全国 70%以上生鲜水产品批发交易功能的大型批发市场、区域性配送中心等关键物流节点，缺少水产品的冷冻冷藏设施。2012 年，水产流通产值达到3 451.6亿元。年交易额 1 亿元以上的水产品交易市场由 2001 年的 57 个增加到 2010 年的 150 个，市场成交额更是由 2001 年的 340.8 亿元骤增至 2010 年的 2 096.6 亿元。并且水产品产业市场呈现出集聚特性，山东、浙江、江苏、广东、上海、辽宁规模以上水产品交易市场活跃，年成交额均逾百亿元，六省市水产品专业市场交易额占全国市场交易总额的72%。大型海洋食品加工企业开始应用国际先进的冷链物流技术，从加工、冷却、冻结等环节实施低温处理起步，逐渐向储藏、运输、批发和零售环节延伸，向着全程低温控制的方向快速发展。

五、海水产品加工业日趋专业化、系列化

我国海水产品加工技术不断进步。由原来简单的对鱼虾的保鲜、冷冻发展到目前的包括冷藏、冰鲜、腌制、熏制、罐制、调味熟制、鱼糜加工、药物与保健品、鱼粉与饲料、海藻化工等在内的专业化、系列化的庞大行业。据《中国渔业年鉴》的统计数据显示，2002年以来，我国的水产品加工业保持了较高速度的增长，在水产品加工企业数量、水产品加工能力及水产品加工产值等方面都保持了较高速度的增长(表3-14)。我国水产品加工产业的快速增长，为改善我国渔业产业结构，延长海洋农业产业链，促进渔业增效、渔民增收，作出了重大贡献。

表3-14　2002～2012年我国水产品加工业的产业发展态势

年份	加工企业数(家)	加工能力(万吨/年)	总产量(万吨)	总产量增长率(%)	水产品加工产值(亿元)	占渔业总产值比率(%)
2002	8 140	1 224.7	794.6	13.1	761.1	15.4
2003	8 287	1 306.3	912.0	12.9	915.4	15.8
2004	8 745	1 426.6	1 031.9	11.6	1 107.5	14.6
2005	9 128	1 696.1	1 195.5	15.9	1 321.1	17.3
2006	9 549	1 799.4	1 332.5	11.5	1 543.4	18.0
2007	9 796	2 124.0	1 337.8	0.4	1 801.1	18.9
2008	9 971	2 197.4	1 367.8	2.2	1 971.4	19.0
2009	9 635	2 209.1	1 477.3	8.0	2 026.6	17.7
2010	9 762	2 388.5	1 633.2	10.5	2 358.6	18.2

（续表）

年份	加工企业数（家）	加工能力（万吨/年）	总产量（万吨）	总产量增长率（%）	水产品加工产值（亿元）	占渔业总产值比率（%）
2011	9 611	2 429.3	1 782.8	9.2	2 688.1	17.9
2012	9 706	2 638.0	1 907.4	7.0	3 147.7	18.2

数据来源：中国渔业年鉴（2003～2013）。

据《中国渔业年鉴（2013）》的统计数据，2012 年，我国水产品加工企业的数量达到 9 706 家，其中规模以上企业 2 737 家，水产品加工能力达到 2 638.0 万吨。2012 年，用于加工的水产品的总量为 2 135.81 万吨，其中海洋水产品 1 625.00 万吨，约占76.08%；水产加工品总量 1 907.39 万吨，其中海水加工产品1 563.40万吨，约占 81.97%，水产加工品的产值由 2002 年的 761 亿元增加到 2012 年的 3 147.72 亿元，年均增长率超过 19%。2012 年，水产品加工业产值占渔业总产值的比例达到 18.2%。

第三节　我国海水养殖业存在的问题

一、养殖环境问题

随着海水养殖业的发展，污染养殖环境的问题日渐突出。《中国渔业生态环境质量公报》的监测结果表明，目前我国渔业水域生态环境质量状况总体保持稳定，但局部渔业水域污染状况一直没有明显的好转。不仅陆源污染对海水养殖业的生态产生严重威胁，海水养殖业自身的环境污染范围也在不断扩大，大部分河口、海湾以及大中城市邻近海域污染日趋严重。2012 年我国海域水质劣于第四类海水水质标准的海域面积为 6.7 万平方千米，比 2000 年的 2.9 万平方千米增加了 1 倍多，尤其是近年来，渤海石油污染呈现加重趋势。2011 年 6 月 4 日，渤海海域发生的蓬莱 19-3 油田溢油事故，污染 6 200 平方千米海面，其中超过 870 平方千米海面属于劣 4 类水质，严重破坏渤海海域生物资源与生态系统的稳定性，对沿岸海水养殖生产造成了严重影响。

海水养殖对近岸生态环境的影响一般包括两个方面：一是对养殖水体自身生态环境的污染，这主要表现为营养物的污染、药物的使用污染以及底泥的富集污染；一是对近海水域生态环境的破坏，这主要表现为对近岸海洋生物生态系统的破坏和沿岸滩涂、红树林资源的破坏，以及养殖水体自身不完整的生态结构所导致的养殖系统生命力脆弱、易遭病害侵袭等。这些养殖污染进一步影响沿岸正常的生态环境，使得生态环境恶化，水域生物多样性减少，这样状况得不到改善，随着时间的延伸，近海生态系统结构将发生改变①。

1. 对养殖水体的影响

(1)营养物引致的污染。水产养殖过程中饵料废物是以有机或无机物的溶解态和颗粒态(固态)存在，其总量可用生物分析和化学分析进行估算②。水产养殖过程中的污染物主要是残饵、粪便和排泄物中所含的营养物质即 N、P，还有悬浮颗粒物及有机物。Braaten 研究发现在海水网箱养殖鲑鱼中，投喂的干湿饲料中未被养殖物种食用的比重有 20%，成为输出废物③。海水养殖过程中，未被摄食的饲料和排泄物进入海水形成沉积物，而沉积物中有机营养物质的富集使厌氧细菌大量繁殖，对沉积物中的有机物质进行分解，向水体释放氮、磷等营养物质，海水透明度下降，水体富营

---

① 舒廷飞，罗琳，温琰茂. 海水养殖对近岸生态环境的影响[J]. 海洋环境科学，2002，21(2)：12-15.

② 韩家波，木云雷，王丽梅. 海水养殖与近海水域污染研究进展[J]. 水产科学，1999，18(4)：402-403.

③ BRAATENB. Pollution on Norwegian fish farms[J]. Auqaculture Ire lang，1983，14(7)：122-127.

养化，为赤潮发生提供了物质基础。其他许多学者也对滩涂养虾的饲料食用率作过研究，表明当虾八成饱时饲料损失率为14%～16%。由此可见，水产养殖过程中产生的残饵、粪便的废物数量相当可观。许多研究表明，水产养殖外排水对邻近水域营养物的负载在逐年增大，排出的N、P营养物质成为水体富营养化的污染源。Tovar等曾对海水精养营养负载作过计算，得到当养殖1吨的鱼时，外排的TSS为9 104.57千克，POM为235.40千克，BOD为34.61千克，三氮为14.25千克，P为2.57千克，这些研究表明水产养殖对自身水体及邻近水体的污染相当大。有人曾作过统计，意外发现我国沿海赤潮发生的规律与虾养殖产量有较好的正相关关系，而与全国废水排放量却没有相关关系。海南岛东部地区的高位池养虾养殖的密度很大，饲料中拌有大量抗生素，即使是管理最好的养虾场，也有30%的饵料未被摄食，残饵溶生的氮、磷等营养物质是对虾池及其邻近浅海的主要污染源。加上排泄物发酵和病菌繁生等，造成进一步的污染。

(2)药物污染。Solbe报道英国水产养殖中使用的化学药品达23种。而1990年挪威在养殖上使用的抗生素比农业上使用的还要多。水产养殖过程中使用的药物会有相当一部分直接散失到环境中，造成环境短期或长期的退化。例如，珠江三角洲沿岸曾经大量使用$CuSO_4$来治理虾病，造成现在该地区水环境中存在着相当严重的Cu污染。海南岛东部地区海水养殖也使用了大量的药物，如高位池养虾，必须施化肥和粪肥，用石灰、福尔马林、硫酸铜等清洁虾池。水产养殖过程中使用的药物会有相当一部分直接散失到环境中，造成环境短期或长期的退化。对于一些低浓度或性质稳定药物的残留，可能会在一些水生生物体内产生累积并通过食物链放大，对整个水体的生态系统乃至人体造成危害。

(3)底泥富营养化。几乎所有的研究都表明，水产养殖底泥中C、N、P的含量比周围水体沉积物中的含量要明显高出很多，而且，底泥中经常可见残饵。这说明，水产养殖改变了底质的运输和沉积方式及溶氧状态。残饵和排泄物在底质堆积，促使微生物活动加强，也加速了营养盐的再生。同时，在养殖过程中死亡的生物体沉降分解增加了底质氧的消耗，在缺氧条件下加速了脱氮和硫还原反应，产生 H_2S 和 NH_3 等有毒物质。

2. 对近海生态环境的影响

(1)对近岸海洋生物的影响。大面积的单种海水养殖，必定造成海区生物多样性向单一性转化和海洋生物的内循环发生变异，当生态变异过大时，将导致物质循环平衡的失控，对海洋资源的可持续发展造成威胁。因此，水产养殖实际上就是人为地改变沿岸生物种群和群落分布，也就会使自然生态系统受干扰，变得脆弱，容易失调。如海南文昌市全国最大的对虾种苗繁育基地，1987 年建成第一家虾苗场以来，至 2012 年这里已拥有对虾育苗场 400 多家。但繁荣过后，过度开发的恶果逐渐显现，植物枯死、海水倒灌、井水咸涩、耕地碱化、健康恶化、近海鱼类等水生动植物剧减……这一地区的农民陷入生存恐慌。凡在虾池附近的海岸线，都是海水浑浊、淤泥积聚、鱼类锐减。另外，高位池养虾业有可能造成生物多样性破坏、土地盐碱化、海岸侵蚀等非常严重的生态负效应。这种单一养殖品种的大面积推广，还会破坏当地原有的生物链，如不及时控制，将有可能引发大面积生态灾难，造成海水养殖业的全线崩溃。

(2)对沿岸滩涂、红树林、海防林的破坏。滩涂湿地生态系统是很多具有商业价值生物的产卵地和育幼场，又是众多两栖类、爬行类、鸟类以及哺乳类野生动物的生息繁衍地，其中还有珍贵和濒危物种，其在生态平衡上起着极为重要的作用。但是，人们为了获得更大的经济利益，不断地扩大养殖规模，盲目地开发浅海滩涂和湿地，天然湿地面积大幅度减少，致使湿地生境破碎化，湿地生态功能退化，水生生物和鸟类数量明显减少，生物多样性降低。红树林是海岸重要的湿地生态系统和生物资源，具有保护海堤、防止海岸侵蚀后退等生态功能。我国的红树林面积曾达20余万公顷，至20世纪50年代还有5万公顷左右，但目前不超过2万公顷。一些地区将大面积红树林区改造成养殖池，不仅严重地破坏了红树林资源，也破坏了红树林生态系的生态平衡，还由此产生了许多环境变化。海南岛东部地区迅猛发展的高位池养虾业已成为红树林、湿地、珊瑚三大最富生物多样性的海洋生态系统的最可怕杀手。

另外，沿岸渔民的生活垃圾、废水大量排放入海，以及人工建筑和对海岸带的不合理开发等对近海生态环境亦产生极大影响。因此，为解决产业结构与环境的冲突问题，必须首先解决产业结构调整的合理化标准。

二、海洋生态灾害问题

我国海域的海洋生态灾害种类较多，其中对海水养殖业造成威胁的海洋生态灾害主要包括赤潮、褐潮和绿潮等有害藻华，水母泛滥和生物入侵等。根据国家海洋局发布的《中国海洋灾害公报》统计资料表明，2000～2012年，我国沿海共发现赤潮939次，累计超过18万平方千米面积受害，直接经济损失37.02亿元。近年来，绿潮呈高发态势，2008～2012年，绿潮累积最大分布面积超过15万平方千米。另外，20世纪90年代中后期起，渤海、黄海南部及东海北部海域连年出现大型水母暴发现象，并有逐年加重的趋势。近年来的夏秋季，在黄海、东海海区也出现了大型水母大量暴发的现象，严重影响了夏秋鱼汛的渔业生产（崔文林，2011）。2006年以来，中国北方沿海地区突现大量海星，密度高达每平方米300个，给贝类养殖业带来巨大的经济损失，仅2006年胶南地区因海星灾害导致鲍鱼养殖损失达4 000余万元。黄海北部从2011年开始发生大规模海星出没的现象，给虾夷扇贝的养殖带来严重损失。因此，妥善应对和解决海洋生态灾害问题成为促进海水养殖业健康发展的关键。

三、产业结构问题

统计资料表明，我国海水养殖业内部，以低食物链的贝、藻类等产值较低的生物为主要养殖对象，造成了产业结构低下的状况。目前，我国水产养殖产业化水平仍然很低，渔业生产以农民家庭或个人合伙承包经营的占绝大多数，企业规模小，带动作用不明显。由此形成了养殖面积分散、经营规模偏小、管理水平较低、抗风险能力较弱。而现有的多数“龙头企业”仅限于解决渔民生产、销售中的一些困难，带动作用有限，制约着渔业向深层次发展。

1. 海水养殖以“小农”经营为主，生产规模小，抵御风险能力弱

整体来看，我国海水养殖业大部分分布在沿海渔村，养殖经营者几乎全部由渔民转化而来。养殖门槛低，进入不困难，渔民的广泛参与，使中国海水养殖业复制了农业“小农式”的经营模式。劳动力的充足供给和资金的相对短缺使我国海水养殖业走上了劳动力密集型发展道路，并逐渐形成了与之相适应的家庭经营、小规模生产、手工操作为主的生产经营模式。狭小的经营规模、简单的养殖设施使大部分海水养殖生产集中在内湾和沿岸浅海，无力向更深的广阔水域发展，最终形成了目前海水养殖小而散、多而乱的布局，养殖利润低。在从南到北的很多港湾内，鱼排、筏架密集成片，虾池、鱼塘沿岸相连的景象屡见不鲜。通过承包、租赁等形式，一块海域中往往有成百上千个经营单位（户），每个单位的经营面积都很小（数亩至数十亩），间隔很近（数米至数十米），养殖物种大多趋同。养殖布局和生产操作少有统一规划安排。这样的经营结构极易造成过度养殖，引发严重的环境和病害问题。并且，由于资金、技术方面的限制，养殖户难以开展产业化、规模化养殖经营，对市场反应往往比较迟缓，生产效益十分低下。

2. 海水养殖业经营粗放，养殖单产地区差异大

海水养殖业虽然是我国海洋渔业的主体，但一直缺乏科学合理的产业发展规划。沿海各省份在发展海水养殖业的过程中，单纯追求产量和短期利益，缺乏养殖规模限制和科学规划，养殖区域的建设无序，甚至出现不顾容量盲目发展的局面，取水和排水无计划，致使养殖环境恶化，影响海水养殖业的健康发展。养殖品种粗放经营的现象也十分突出。地理位置相近的天津、河北、山东和辽宁，经营绩效却大相径庭，辽宁的鱼类平均单产是天津的 19 倍、河北的 6 倍左右。福建的鱼贝单产不仅远远高于北部的江苏和浙江，也高于南方的广东和海南。

从 2012 年的全国沿海十省份海水养殖业数据可以看出，山东省的海水养殖产量和海水养殖面积均位居全国第一，分别为 436.24万吨和 52.37 万公顷。从单位面积产量来看，全国平均水平为 7.54 吨/公顷，各省份差异较大。山东省为 8.33 吨/公顷，大大低于福建的 22.86 吨/公顷、广西的 18.37 吨/公顷和海南的 13.68吨/公顷。

表 3-15 2012 年沿海各省份单位养殖产量

地区	海水养殖产量(万吨)	海水养殖面积(万公顷)	单位产量(吨/公顷)
天津	1.43	0.4	3.58
河北	38.21	13.47	2.84
辽宁	263.56	81.3	3.24
江苏	90.5	19.94	4.54
浙江	86.14	8.97	9.60
福建	332.66	14.55	22.86
山东	436.24	52.37	8.33
广东	275.74	20.18	13.66
广西	97.73	5.32	18.37

(续表)

地区	海水养殖产量(万吨)	海水养殖面积(万公顷)	单位产量(吨/公顷)
海南	21.61	1.58	13.68
合计	1643.81	218.09	7.54

数据来源:根据中国渔业年鉴(2013)相关数据测算。

养殖生产技术尤其是病害防治技术的滞后已经成为制约我国渔业生产的主要因素,养殖密度过大、种质退化、科研力度不够等诸多原因使全国各地的海水养殖病害严重。渔业生产技术滞后是由于传统的生产体制使渔业技术进步受到技术需求不足与技术供给不足的双重约束。

3.海水养殖技术设备落后,配套服务体系建设滞后

近30年来,国际海水养殖业表现出大型化、集约化、深水化、自动化的趋势,高新技术在海水养殖中发挥的作用越来越大,劳动生产率持续提高,而我国的海水养殖业受经营模式和生产规模限制,深水网箱、工厂化养殖等集约化养殖技术仍未成为主流技术,劳动生产率与渔业发达国家相比有拉大的趋势。

我国海水养殖整体技术设备较为落后。技改经费投入少、机械化和自动化程度较低、海洋开发基础薄弱、基础设施投入不足、制度创新滞后、政府宏观调控不到位等,造成了我国与渔业发达国家之间较大的差距。渔业发达国家在养殖领域实现了生产机械化、品种良种化、管理自动化,经营过程实现了专业化、服务社会化,养殖技术以生物工程育种、基因工程育种、克隆技术、疫苗、生物防治等新技术为主。加工领域已由单一食品向医学、保健、卫生、饲料等工业用途扩展。目前,发达国家水产品的加工率已达70%,产品附加值很高。发达国家还对发展中国家的产品在工艺、质量方面实行第二次加工,对量多体小的低值鱼进行深加工,提高渔获物的利用率,减少废弃率;在饲料、渔药方面,发达国家已做到

针对不同鱼类品种生产最适宜的配合饲料，提高生产效益。渔药生产强调高效、安全。从目前的情况来看，我国在上述方面均存在着较大的差距，有些方面甚至刚刚起步。

同时，我国海水养殖业的配套服务体系建设也相对滞后。由于财政投入相对较少，社会化服务体系建设得不到足够重视。目前，国家对水产苗种、病害防治、渔港建设、水产品安全监测等支撑体系的基础设施投入虽有所增加，但从改善现代海水养殖业发展的软、硬环境方面需求上看仍然不足，特别是公益性机构运转、科研技术、推广等软环境建设上的财政资金上投入不足，致使海水养殖业支撑体系的社会化服务功能难能有效发挥。另外，我国目前虽初步奠定了我国水产品市场体系的基本框架，但存在着市场运行机制不健全、市场管理不规范，缺少对过剩生产能力与低级生产能力的淘汰机制和促进产业竞争力提高的机制等突出问题。对海水养殖业投入欠缺的另一突出表现是科技支持不足。由于缺乏足够科研资金投入，海水养殖业发展缺乏强大的科技支持，致使渔业经济在优良水产苗种、病害防治、专用渔药研发、养殖方式、运输设备等方面的技术含量低，影响海水养殖业的健康协调发展。

四、水产品质量问题

我国政府高度重视水产品质量安全管理工作，加大水产品质量安全监管力度，水产加工企业普遍树立了“以质取胜”的意识，制定了科学的产品质量、卫生标准，采用 GMP 和 SSOP 操作规程。水产品质量安全状况整体来看比较稳定，据统计，2012 年抽检总体合格率达到 98.5%，全年没有发生群体性的质量方面的突发事件。但同时，我们也要认识到，我国还没有从根本上解决影响水产品质量安全的深层次问题，水产品质量安全问题存在潜在危机。

1. 海水产品质量提高的速度滞后于社会消费水平提高的步伐

实践中，部分海水养殖业户为了降低成本、获得较高收益，人为强化部分生物因子，削弱甚至去除一部分影响养殖物种生长速度的生物因子，从而降低了养殖系统的营养层次，系统内生产者与消费者之间正常的食物网链也因配置结构不合理或者不能实现良性物质循环，减弱了养殖生态系统自身调节能力、自我供给能力，降低了生态系统自我平衡的能力。养殖系统需要外在因素如大量投喂人工饵料来修复原有的生态结构，回复养殖系统应有的功能。为了提高产量，部分养殖业户在水产养殖过程中大量使用饲料添加剂、杀虫剂、抗生素等化学品，这些物品不能被全部吸收，必然产生有毒有害物质，污染体制环境，破坏海水养殖业的生态化、健康化。

2. 养殖环境污染对于海水产品质量的影响令人担忧

长期以来，产地环境污染问题一直是影响海水产品对外贸易与居民消费安全的最突出、最根本的问题。理论上，海水产品主要受到渔药、致病微生物、重金属、有机污染物、生物毒素等污染源的破坏。但目前，由于研究滞后，我国严重缺乏有毒有害物质的消除技术，大部分化学性和生物学的有害物质难以在原料生产、养殖、加工或者流通环节采取有效措施进行合理控制乃至消减。

3. 水产品质量的监管制度建设与技术监管能力薄弱

长期以来，虽然我国一直非常重视水产品质量安全管理，水产品质量安全也得到了明显的提升，但与渔业发达国家相比，我国水产品质量在制度建设、监控技术方面仍然存在不足。在制度建设方面，作为质量安全管理重要支撑的水产品安全标准制度、检验检测制度、执法监督制度、安全责任追溯制度等监管制度尚不完善。没有制度支持，养殖环境、养殖过程、渔获物深加工、储藏和流通环节的过程管理必然不健全。另外，我国缺乏对海水产品安全快速反应的专门机构，对国内外的水产食品安全动态信息系统跟踪不足且不能形成有效的管理或控制手段，对国内各个部门监测数据没有及时公开，同行之间也不能共享，因此科学评析滞后，难以发布时效性强的预警信息。在监控技术推广方面，我国现有的检测方法不够完整，多残留检测方法少，快速检测技术不成熟，缺少痕量分析和超痕量分析等高技术检测手段，尤其对一些新型危害物的检测技术尚存在空白或不够完善；我国检测技术落后，现场快速检测技术和设备依赖进口，原创性自主知识产权成果少。此外，海水产品特别是名贵水产品的品质快速评价技术、监控技术和鉴伪技术相对缺乏，对海水产品质量难以形成有效的监控。

第四章 海水养殖业发展规模经济的国际经验借鉴

第一节 世界海水养殖业发展现状

随着海洋中各种资源的过度开发和盲目利用，海洋生物的多样性遭受自然或者人为的破坏，海洋环境污染时有发生，海洋灾害此起彼伏，使得渔业种群再生能力下降，加剧了海洋可捕捞资源衰减。据统计，我国优质鱼类占总渔获量的比例已从20世纪60年代的50%，下降到目前的不足30%。海水养殖业就逐渐成为满足人类日益增长的优质蛋白质需求的重要途径。发展可持续的水产养殖业是当今世界共同关注的主题。表4-1显示了世界水产养殖与捕捞的产量。统计数据表明，水产养殖产量在世界渔业产量中所占的比例由2001年的27.6%增加到2011年的40.1%。其中，海水养殖产量3970万吨，占水产养殖产量的63.3%。

表4-1 世界水产养殖和捕捞产量(2001～2010年)

年份	2001	2002	2003	2004	2005	2006	2007	2008	2009	2010
养殖产量(万吨)	3 460	3 680	3 890	4 190	4 430	4 730	4 990	5 290	5 570	5 900
占比(%)	27.6	28.8	30.6	31.1	32.4	34.4	35.5	37.0	38.2	39.9
捕捞产量(万吨)	9 070	9 100	8 830	9 270	9 250	9 020	9 070	9 010	9 000	8 900
占比(%)	72.4	71.2	69.4	68.9	67.6	65.6	64.5	63.0	61.8	60.1
总量	12 530	12 780	12 720	13 460	13 680	13 750	14 060	14 300	14 570	14 800

数据来源：FAO2011年世界水产养殖统计报告。

2011年的水产养殖产量位居世界前3名的都是亚洲国家，分别为中国、印度、越南，水产养殖产量分别为3 862.1万吨，457.3万吨和284.5万吨。在世界排名前20名的国家中，亚洲占半数以上，欧洲的挪威位居第6名，水产养殖产量为113.8万吨。排名前20名的国家，水产养殖产量占世界水产养殖产量的95%，可见，目前水产养殖在世界范围内的发展是不均衡的。尽管世界水产养殖产量呈递增的趋势，但是，泰国、日本因受全球气候变化等自然灾害的影响，水产养殖产量大幅度下降，其中，泰国2011年的水产养殖产量比2010年减少28万吨，下降了22%；日本减产16万吨，下降了23%。另外，排名前20名的国家中缅甸、美国、马来西亚的产量也出现了不同程度的滑坡。与此相反，挪威、智利、巴西的水产养殖发展迅猛，世界排名不断提升。

FAO发布的2011年世界水产养殖统计结果显示，水产养殖的种类由2010年的541种增加至2011年的559种。其中，鱼类有346种，甲壳类62种，贝类102种，藻类34种，两栖类6种。世界水产养殖种类组成上也发生了变化，鱼类养殖产量增长较快，由2010年的3 830万吨增加至2011年的4 160万吨，贝类、甲壳类增幅较小。

表4-2　世界主要海水养殖种类的产量(2001～2011年)单位：万吨

年份	1970	1975	1980	1985	1990	1995	2000	2005	2010	2011
鱼类	150	210	280	520	870	1 500	2 080	2 800	3 830	4 160
贝类	110	150	180	250	360	820	980	1 210	1 420	1 440
甲壳类	0	0	10	30	8	110	170	380	570	590
其他	0	0	0	0	0	10	20	40	80	80
合计	260	360	470	800	1 310	2 440	3 240	4 430	5 900	6 270

数据来源：FAO2012年世界水产养殖统计报告。

从养殖种类分布渔区来看，99.8%的海洋藻类、97.5%的鲤科鱼类、87.4%的对虾和93.4%的牡蛎产自亚洲和太平洋地区。与此同时,55.6%的养殖鲑鳟鱼来自西欧。在北美,河鲶是在美国主要水产养殖品种,而在加拿大大西洋鲑鱼和太平洋鲑鱼占主导地位。在拉丁美洲和加勒比海地区,在过去10年里,因为虾养殖区暴发虾流行病,而智利的鲑鳟鱼产量快速增加,鲑鳟鱼已经超过之前处于首位的虾类。撒哈拉以南非洲地区尽管具有一定养殖潜力,但其在水产养殖中仍然是一个次要角色。即使原产于非洲大陆的罗非鱼,其养殖业也是刚刚起步。其中,尼日利亚因产出44 000吨的鲶鱼、罗非鱼和其他淡水鱼类而居该地区首位。另外,在非洲大陆还有一些零星的养殖区:斑节对虾在马达加斯加,麒麟菜和卡帕藻在坦桑尼亚联合共和国都有蓬勃发展的势头,南非鲍鱼(如皱纹盘鲍属)的产量也在增加。埃及成为除中国外的第二大罗非鱼生产国,还是世界上乌鱼产量最高的国家。

在全球范围内,海水养殖业面临的共性问题是环境压力及如何保障养殖产业的可持续发展。2009年,欧盟委员会发布了“未来欧盟水产养殖战略”(Strategy for the future of European aquaculture)白皮书,指出欧盟水产养殖的目标是发展更为有竞争力的和环境友好的水产养殖产业,提出了海水养殖可持续发展的战略,具体包括:①通过新养殖种类和品质的研发,以提高养殖产量。②通过大力发展封闭式循环水系统、远岸网箱养殖技术、远岸贝类筏式养殖技术,以提高空间的利用率。同时,浅海生态系统受人类活动的压力日趋严重,在进行海岸带综合管理时,必须考虑水产养殖。③通过官方优质产品标志的广泛、频繁使用,以及宣传力度的加大,促进市场开发、市场营销。④保证产品的安全:修订食品安全法,着重强调公众的健康意识,尤其是加强抗生素及二恶英的监管,加强有毒藻赤潮、病害等方面的研究,尽快解决鱼类养殖过程中的海虱问题。⑤开展动物福利研究。⑥减轻养殖对环境的压力,包括减轻粪便、残饵及氨氮等代谢产物的环境压力,养殖对自然生物资源的压力等。⑦加强海水养殖技术的研发。

第二节　发达渔业国家海水养殖业发展规模经济的通行做法

一、重视海洋生物资源的养护

1. 制定规划，明确渔业资源养护方面的法规或者战略框架

为解决制约世界海洋渔业可持续发展的关键"瓶颈"问题，各国政府和相关国际组织对近海渔业资源养护和可持续利用都非常重视，一些渔业发达国家和地区已经采取相应管理措施和技术手段以实现近海生物资源的养护和合理利用。从国际规则的制定来看，尽快修复渔业资源已经成为当前国际水生生物管理的趋势和普遍遵守的行为准则。《联合国海洋法公约》对海洋生物资源养护作出了具体规定，形成了各国在养护海洋生物资源时参照的基本国际法律框架。联合国粮农组织在颁布《负责任渔业行为守则》及一系列配套国际行动计划的基础上，于 2001 年 10 月召开负责任渔业大会，明确提出将"生态系统水平的渔业管理"作为世界各国在新世纪加强渔业管理必须遵循的战略目标与行为规范。2002 年 8 月，联合国召开可持续发展方面的世界首脑会议，形成《执行计划》和《政治宣言》，提出"为实现可持续渔业，于 2005 年前对捕捞能力进行管理，2015 年前恢复衰退中的渔业资源，使之处于最大可持续产量的水平"的目标。在这些国际规范的引领之下，美国于 2006 颁发法律文件，明确了美国的海洋与渔业政策及其科技发展方向，确保海洋及其水域生态系统的平衡。日本和韩国均将渔业资源修复和生态环境保护作为其渔业可持续发展的重要战略，采用限额捕捞制度(TAC)进行渔业利用和管理，以实现渔业资源的可持续

利用之目的。特别是，日本于2006年开始对10多种重要渔业种类开展基于生态系统的渔业管理研究，包括渔业资源评估、管理策略风险评价、资源量预测以及渔业管理计划等。其主要思路是，在掌握重要渔业资源生物的栖息地、生活史、生态功能、开发和利用状况、渔业对环境的影响以及对社会经济的重要性的基础上，对每一种类都提出基于生态系统的渔业管理计划；通过加大力度推行休渔制度，建立渔业保护区，推动人工鱼礁和海藻场建设，提高资源增殖放流数量，发展现代渔业精准捕捞和助渔技术，控制污染排放和涉海工程建设等措施和技术手段，实现对近海渔业资源的养护。一些渔业发达国家陆续制定了国家级渔业发展战略，如日本制定了"水产基本计划"，提出"确保供应"的发展目标；美国制定了"渔业科技战略"，要求"保持良好的生态环境"；欧盟的"共同渔业政策绿皮书"突出的发展目标是"可持续自给"；韩国在"21世纪韩国海洋战略"计划中明确提出"保持国际先进的海洋科技"的发展目标。海洋渔业资源养护已成为国际上海洋渔业可持续发展的重要方向之一。

基于上述生物资源养护理念和相关行动计划，一些国家或地区已经在降低开发强度和恢复过度开发的渔业种群及渔业生态系统方面取得了良好进展。例如，在美国渔业中，67%的渔业种群目前已提升到可持续捕捞水平，只有17%处于过度捕捞阶段。在新西兰，69%的渔业种群已超额完成了管理目标。目前，澳大利亚只有12%的渔业种群处在过度捕捞水平。从20世纪90年代起，加拿大纽芬兰—达布拉多大陆架、美国东北部大陆架、南澳大利亚大陆架和加利福尼亚洋流生态系统的捕捞压力均出现大幅缓解，已降至或低于渔业资源管理模型中提出的能最大程度保持生态系统中多物种可持续产出的开发强度。

2. 积极采取多种行政措施和技术手段，开展海洋渔业资源养护行动

(1)控制捕捞。世界粮农组织和渔业发达国家积极开展基于

生态系统的渔业资源保护与利用方面的行动。一些渔业发达国家提出“200 海里水域”时代是渔业发展的最佳战略，即开发本国沿岸“200 海里水域”的生产潜力，把“采捕型”渔业转变为“增殖型”渔业，将渔业的发展建立在人工资源的基础上，开发以增殖放流资源为基础特征的“栽培渔业”、“管理型渔业”。在实现这一产业转变过程中，资源管理和保护（禁渔期、禁渔区制度，产卵场、育幼场及栖息地保护，渔业资源环境监测等）、资源增殖（人工放流等）、渔业生境修复（人工鱼礁、人工藻礁、海草床等）、捕捞限制（TAC 制、生态和资源友好型捕捞技术）及海洋牧场（基于生态系统的环境修复及资源增殖）建设等是开展海洋渔业资源养护的有效手段。其中，资源管理保护和捕捞限制是海洋渔业资源养护的基础，是世界各国和地区均优先采用的渔业资源恢复的共识性行政化手段并得以普遍实施。

（2）种植海藻，养护海洋生态环境。近些年来，人们认识到海藻（草）系统对于海洋生境和生物资源保护的重要性，世界上许多国家都在对退化的海藻（草）生态系统进行不遗余力的恢复，如北美洲、中美洲、澳大利亚、日本，以及欧洲；英国、丹麦、意大利、法国和荷兰，取得了很好的效果。如在美国总计移植了 78 公顷海草床；澳大利亚移植了 2 公顷，主要通过机械种植机进行；在日本总计数十公顷的海草得以移植。海洋渔业发达国家对海洋生物资源和环境的系统调查和观测极为重视，并投入大量人力、物力，其科技投入可高达整个渔业产值的 10%。众多渔业发达国家和地区已经采取不同措施以实现近海生物资源的养护和合理利用。

（3）积极实施增殖放流。增殖放流作为渔业资源养护的最主要的有效措施已被世界各国所证实和采用，并形成规模化产业。例如，日本自 20 世纪 60 年代开始，在沿海各都、道、县、府设置苗种培育和增殖放流中心开展渔业资源增殖活动，迄今在其近海共放流 80 余种水生经济动物，并建立了较好的放流效果评价技术，有的放流品种如牙鲆取得了较高回捕率，形成了规模化的资源增殖放流产业。20世纪60年代开始，美国和加拿大开展鲑鱼增殖放流活动，近年来每年都使用多种标记技术放流30亿尾的鲑鱼，超过80个研究机构和350个孵化场参与了标记放流和回捕评价工作，回捕率高达20%，是增殖放流研究和产业化的著名成功案例之一。韩国从20世纪90年代起陆续在其近海建立了10余处国立水产种苗培育场和多个大型海洋牧场示范基地，放流38个水产品种以增殖渔业资源。

（4）建设人工鱼礁，养护渔业资源。美国的人工鱼礁建设历史比较久远。20世纪60年代，美国州政府为发展沿岸游钓渔业，进行了人工鱼礁规划。纽约州、新泽西州、罗德岛州等大西洋沿岸州政府和加利福尼亚州、华盛顿州等太平洋沿岸的州政府都采取多种措施、动员多方力量，积极推进人工鱼礁建造。20世纪90年代以来，渔业发达国家将建设海洋牧场作为大力发展海水养殖业的基础环节。如日本自20世纪70年代起就在全国范围内进行栽培渔业的战略安排，建成了日本黑潮牧场这个世界上第一个海洋牧场。从20世纪90年代起，日本每年投入6亿美元建设人工鱼礁，用于养护渔业资源。韩国也是重视人工鱼礁建设的典型国家，1973～2007年30余年间，该国政府支出近30亿美元用于人工鱼礁建设，投放礁体700万立方米，建成礁区1 200座、面积14万公顷。1998年韩国开始实施补充海洋水产资源的“海洋牧场计划”，该计划试图通过海洋牧场的建设、使用与开发，实现海洋渔业资源的永续利用。我国自20世纪80年代起开展人工鱼礁和海洋牧场建设技术的研发，目前在近海已形成较大规模的人工鱼礁，在生态资源恢复方面取得了较明显的效果，未来发展前景良好。

基于上述生物资源养护理念和相关行计划，一些国家或地区已经在降低开发强度和恢复过度开发的渔业种群及渔业生态系统方面取得了良好进展。如在美国，目前已达到可持续捕捞水平的渔业种群所占比重达到 67%，处于过度捕捞阶段只有 17%。在新西兰，已超额完成了管理目标的渔业种群占到 69%。在澳大利亚，处在过度捕捞水平的渔业种群只有 12%。

二、以生态保护为核心发展海水养殖业

国外在海岸带渔业开发中也存在沿岸带不合理的开发，部分海域污染严重，生物多样性遭到破坏，优势种群栖息环境被恶性改变，生态和社会效益受到较大的负面影响等问题，比如马来西亚和日本。不过，一些发达国家能及时吸取教训、调整开发战略和管理政策，从而避免了资源严重衰退等生态危机。

1. 制定相关标准指导生态养殖

美国水产养殖业居世界前 10 位，这除了美国拥有比较丰富的海洋资源外，与其长期以来非常重视海洋滩涂、浅海的生态保护有很大的关系。美国采取的措施是通过制定长远规划和相关的行政法规加强管理，如美国制定了 10 年海洋渔业发展计划，提高滩涂、浅海人工养殖水产品的比例，由原来的 5%～9%提高到 22%～28%。另外，为从根本上保护海水养殖业的生态环境，美国制订实施海岸带综合管理方案，把适宜海水养殖的滩涂、浅海的开发利用纳入国家的海岸带综合管理体系之中。

2. 基于生态系统的理念探索生态养殖的新模式

国际海水养殖中，用节能减排、环境友好、安全健康的生态养殖新模式来替代传统养殖方式是大势所趋。实行多营养层次的综合养殖模式，是减少养殖对生态环境压力、保证水产养殖业健康发展的有效途径之一。具体来说是基于生态系统的新养殖理念，实现生物技术与生态工程相结合，并广泛采用新设施、新技术。在陆基养殖生态工程方面，国外相关设施的研发一直致力于提高其智能化程度和运行精准度。同时，基于生态学理论在循环水养殖系统中构建适宜的混养系统也逐渐成为主流，如美国的鱼—菜共生

系统，虾—藻（微藻）混养系统等，也大大增强了系统长期运行的稳定性。

深水网箱养殖成功实施就是其中的典型案例。世界深水网箱养殖已有30多年的历史。在这期间，以挪威、美国、日本为代表的大型深水网箱养殖，取得极大的成功。近10年来，国外深水网箱主要发展方向：一是大型化。如挪威大量使用的重力式全浮网箱，采用高密度聚乙烯（HDPE）材料制造主架，外形最大尺寸达120米周长，网深40米，每箱可产鱼200吨，通常网箱外圆尺寸也在80～100米，最大容积可以达到2万多立方米；单个网箱产量可达250吨，大大降低了单位体积水域养殖成本。二是不断提高抗风浪能力。各国开发的深海网箱抗风浪能力普遍达5～10米，抗水流能力也均超过1米/秒；在抗变形方面，美国的Sea Station网箱采用钢结构柔性混合制造主架，在流速大于1米/秒的水流中，其有效容积率仍可保持在90%以上。三是广泛应用新材料、新技术制造网箱。在结构上采用了HDPE、轻型高强度铝合金和特制不锈钢等新材料，并采取了各种抗腐蚀、抗老化技术和高效无毒的防污损技术，极大地改善了网箱的整体结构强度，使网箱的使用寿命得以成倍延长。四是自动化程度提高。网箱的自动化养殖管理技术得到快速发展，如瑞典的Farm Ocean网箱，可完全不需人工操作。五是运用系统工程方法实现环境保护目标。运用系统工程方法，将网箱及其所处环境作为一个系统进行研究，尽量减少网箱养殖对海洋环境的污染和不利影响。

浅海养殖中机械化和智能化程度更高。欧美等水产养殖发达国家的浅海养殖已实现机械化与自动化操作，近些年来随着计算机硬件的快速发展与软件的高度集成，CAE技术被广泛应用于渔业工程仿真模拟中。在浅海养殖设施水动力学的研究方面，国外已有学者采用有限元方法利用商业软件做了一些数值模拟工作，其在一定程度上体现了未来养殖工程领域仿真智能化的发展趋势。

三、创新养殖技术提高海水养殖业规模效益

近年来，渔业发达国家从食品安全的角度推进海水养殖业的发展，陆续制定了海洋农业发展战略，如日本的“水产基本计划”提出“确保供应”的发展目标，欧盟的“共同渔业政策”绿皮书突出可持续自给的发展目标，韩国的“Ocean Korea 21”计划明确提出“保持国际先进的海洋科技”的发展目标。2005 年，美国启动了“海洋行动计划（Ocean Action Plan）”，提出要在 2025 年将现有海水鱼类养殖产量提高 5 倍，以弥补其仅次于石油进口的外贸赤字。

目前，循环水养殖技术比较发达的国家有北美的美国、加拿大，欧洲的法国、德国、丹麦、西班牙，以及日本和以色列等国家。早在 20 世纪 60 年代，美国的华盛顿大学、康乃尔大学、北卡罗林那州立大学（North Carolina State University）就开展了集约化养殖生物的营养生理、防病技术、水处理技术等循环水养殖方面的基础性研究，并一直处于世界领先水平；美国利用“鱼菜共生”技术养殖罗非鱼、鲶鱼等单产达到 50 千克/立方米，另外在系统增氧、生物净化沉淀、固体颗粒物分离、养殖生物分级与收获、采用计算机技术自动调控养殖水温度、溶氧、pH 值、电导率、浊度、氨氮等方面进行了大量研发与创新，运用许多先进的高新技术和装备，自动化、机械化程度很高。北美的加拿大构建的跑道式养鱼系统也具有很高的技术水平。

日本也是世界上采用循环水养鱼最早的国家之一，20 世纪 70 年代中期，三重县水产试验场采用循环水过滤技术养殖鳗鱼获得成功；80 年代中期，日本水产厅养殖研究所采用过滤、升温、循环水养殖真鲷、鳗鱼都取得了很好的养殖效果，促进了循环水养鱼的快速发展，并取得了很多有价值的技术数据。

1983 年，苏联亚速海洋渔业科学研究所成功设计了封闭循环水养鱼系统，主要包括鱼池、供水装置、沉淀、生物过滤、调温装置、

充氧装置等设施，用于养殖鲻鱼；莫斯科养鱼场设计建造的循环水养鱼系统，主要设施包括鱼池、沉淀池、循环泵、机械过滤、生物过滤、曝气及水体充氧装置等，其一昼夜消耗的水量为总水量的 10%左右。

在欧洲，法国国家海洋开发研究中心（IFREMER）早在 20 年前就在养殖环境工程方面开展了研究，目前法国的大菱鲆苗种培育 100%采用循环水，养殖 60%以上采用循环水；丹麦是西欧循环水养鱼最发达的国家，建有欧洲渔业工程中心（ACT）用以研究和指导欧洲地区的养殖生产，拥有 500 万人口的丹麦现有年产 150～300 吨水产品的工业化养殖系统 50 余座，循环水养鳗商业化生产单产达 100～300 千克/平方米，在丹麦，一个 2 100 平方米养殖水体，年产商品鱼 250 吨的工厂化循环水养鱼场，只需 1 人管理；西班牙 Aquacria Arousa 大菱鲆养殖场被认为是封闭循环水养殖的典范，该养殖场位于西班牙西北部加利西亚省的 Pontevedra，建于 2000 年 3 月 22 日，是由 Sunfish 公司设计的第三代循环水系统，年产苗种 8 批，共 400 万尾，养殖场年产商品鱼 500 吨，养殖面积仅为 1 885 平方米，养殖产量相当于 265 千克/(平方米·年)；德国、挪威等欧洲国家均建有相当规模的循环水养殖工厂；据不完全统计，目前欧洲的封闭循环水养殖面积约 30 万平方米，并保持较快增长势头。

国外封闭式循环水养殖发展的特点表现为如下几个方面：①发展早。从 20 世纪 60 年代开始，西方各国纷纷开展工厂化养殖水处理技术、水处理装备和养殖技术研究，比我们国家整整早了 20 年。②政府重视。近年来，欧美等发达国家纷纷出台了养殖用水排放标准，循环水养殖更是受到各国政府的高度关注；美国政府已将工业化养鱼列为美国“十大最佳投资项目”之一，欧洲与日本把工业化养鱼列为未来重点发展项目。③技术先进。国外养殖业的工业化程度普遍越来越高，每个技术环节越来越细化，主要表现在设施系统的优化、节能与生产管理系统的高效、完善等方面，使养殖生产走上了工业化生产的道路。生态工厂化是国外循环水养殖技术的另一个发展趋势，通过构建人工生态系统，采用鱼菜共生技术、微藻吸收技术、人工湿地技术等，实现物质与能量的循环、高效利用。④形成专业化设备生产企业。据不完全统计，目前国外有循环水设备生产厂家 30 余家，主要分布在北美(美国、加拿大)、欧洲(西班牙、法国、丹麦)，较有名的厂家如 Marine Biotech Inc.，Aquaculture Systems Technologies，LLC Water Management Technologies Inc.，RMF-Applied Aquatics，Aquatic Eco-Systems Inc.，PR Aqua Ltd 等，这些企业生产的设备精良，使用性能与处理精度处于世界一流水平。⑤循环水养殖系统造价高、能耗高。国外的循环水养殖系统以设备型为主，系统建设成本是我国系统的 20 多倍，运行能耗是我国系统的 3～5 倍。由于以设备为主，所以国外的循环水养殖系统体量小，如何适应大规模养殖依然是今后相当长时期的研究重点。

同时，发达国家重视加工技术的研究与推广，以全面提高海水产品的质量。在加工技术方面，发达国家在海水产品加工过程中广泛运用生物技术、膜分离技术、微胶囊技术、超高压技术、无菌包装技术、气调包装技术、新型保鲜技术、微波能及微波技术、超微粉碎和真空技术等高新技术，不断提高海水产品的原料使用率。另外，为了在保证产品质量的同时，实现海水产品的规模化加工，提高生产效率，发达国家重视海水产品加工与流通装备的机械化、智能化程度。例如，德国的 BAADER 公司是世界上生产最先进的水产品加工设备企业之一，该公司 2008 年生产的鱼片细刺切割、鱼片整理和分段一体机，使鳕鱼片生产能力每分钟高达 40 片；并成功研制了从原条鱼开始到产出鱼片和鱼糜的鲶鱼成套加工流水线。加拿大 Sunwell 公司以开发浆冰设备而闻名，2006 年为日本提供了世界上第一套船用低盐度深冷浆冰系统。著名的瑞典

Arenco VMK 公司 2008 年开发的渔船用全自动鱼类处理系统能精确地去除鱼头和鱼尾,并采用真空系统抽空鱼的内脏,开片、去皮操作全自动且可调节。

在食品安全监管方面,欧美等发达国家和地区食品安全监管体制逐步趋向于统一管理、协调、高效运作的架构,强调从"农田(水域)到餐桌"的全过程食品安全监控,形成政府、企业、科研机构、消费者共同参与的监管模式。在追溯体系建设方面,欧盟一直走在世界的前列,是可追溯性强制实施的坚决拥护者。北美和欧洲国家较早在水产品身份代码、信息范围的确定、信息采集和管理、数据处理等水产食品可追溯技术领域的多方面展开研究并将取得的成果应用于实践。条码技术在超市系统的成功应用,带动了条码技术在各行业的蓬勃发展;电子标签、射频识别(RFID)及计算机联体设备等现代技术的开发和应用为信息采集和传递提供了技术支撑;水产食品追溯体系需要的数据处理软件已研发成功并用于实践;美国已经建立了较为完备的产品召回程序,并纳入到法规中。

四、政府的监管与支持

日本海水养殖主要品种有真鲷和鰤鱼等鱼类,扇贝和牡蛎等贝类,紫菜、海带和裙带菜等海藻类,2009 年日本渔业总产量达到463 万吨,养殖产量为 78 万吨。日本海水养殖的快速发展始于 20 世纪 60 年代。1961 年开始,日本重视标准化生产对于健康养殖的重要性。日本政府首先有组织地在全国范围内进行有关水产增养殖的试验研究,并在各海区、各县设立栽培渔业中心和资源增殖推进协议会这样的机构,对试验研究的成果进行不同级别的推广。日本要求政府、科研单位与渔民分别承担决策者、指导者和执行者的角色,从而形成了较为完善的增殖放流体系。日本的海洋牧场建设在政策、法规、机构、科研和管理等方面均处于世界领先地位。

1971 年，日本在全世界率先提出了建设海洋牧场的战略构想，放牧式地开展放流和回捕。另外，在海水养殖产量方面，日本比较尊重海水产品的生长规律与成长周期，保持循序渐进的发展态势，严格按照养殖空间承载力和水域环境等生化条件开展海水养殖。每年年初，日本海水鱼类养殖协会都召开会议，确定年内主要海水鱼种养殖数量，以稳定市场环境，避免养殖品种扎堆上市，避免因盲目追求产量而带来养殖密度过大、恶化环境、影响水产品质量安全的问题。

长期以来韩国政府十分重视海水养殖业的发展，2011 年韩国水产养殖产量 1 499 335 吨，价值 1 899 218 美元。韩国政府在重视养殖技术研发的基础上，积极开展海洋牧场建设。韩国政府也十分重视生物资源养护，1986 年韩国政府设立海洋水产部指导韩国不同水产养殖方式，确立养殖政策和规定，通过发放许可证和对有问题的组织和个人撤销许可证来规范水产养殖业。2007 年韩国海洋水产部投入 118 亿韩元用于水产苗种的放流，向个人和组织发放了 8 839 个水产养殖许可证。国立渔业研究和开发所和国立大学是主要的政府水产养殖研究机构，在发展海水养殖活动方面发挥了中心作用，这些机构正在进行水产养殖种类基因改善研究和开发水生生物新的高附加值的产品的工作。

挪威作为沿海小国，却是一个渔业强国，挪威的水产养殖业在世界名列前茅，是世界上最大的海产品出口国之一，2010 年海产品出口总值达到 90 亿美元。挪威海水养殖品种以冷水性鱼类为主，主要种类包括大西洋旗鱼、大西洋鲤鱼、大西洋缩蝶鱼、虹鳟鱼等。目前，在挪威沿海的多数地区养殖的指导品种是鲑和虹鳟鱼，鳕鱼、庸鲽等海洋鱼类和贻贝、牡蛎等贝类养殖已经完成商业化。其海水养殖业发展的许多方面值得学习和借鉴：第一，产业化经营。以大西洋鲤作为主导品种，挪威从基础设施建设、养殖、加工、运输到销售构建了一体化的产业链，进行系统的研发，形成了大西洋鲤养殖的产业化。第二，挪威建立了完善的法律体系，保证水产养殖业的健康发展。第三，实行生产配额和养殖许可证制度。挪威的海水养殖业根据出口配额由政府实行生产配额，避免过度养殖，实行养殖许可证制度，对每张执照设定养殖产量上限。第四，以技术创新带动产业发展。开展工厂化循环水养殖技术、深水网箱装备及配套养殖技术研究，自主开发生产了一系列水产养殖设备，网箱养殖技术及鱼苗孵化、培育和遗传学等研究居世界领先水平。第五，政府方面。成立渔业总局及地方分支机构负责水产养殖公共管理，成立挪威沿岸管理局管理海上交通和运输，成立挪威食品安全局控制鱼类健康以及食品安全，成立环境部负责污染治理；颁布了《关于鱼类、贝类等养殖的法案》、《海洋增殖法案》、《食品生产和食品安全法案食》和《防治虐待动物法案》。第六，科研方面。形成了私人＋公共研究机构＋大学的完整体系。研究资金有来自公共和私人两部分。

智利是水产养殖增长较快的国家之一，2011 年智利水产养殖产量 969 539 吨，价值 6 339 611 美元，目前智利主要养殖大西洋鲑、银鲑、虹鳟和大鳞鲑，养殖面积最大的是扇贝，其后是鲑科鱼类、牡蛎、贻贝和海藻。网箱养殖、延绳养殖贝类和循环水养殖等陆基养殖系统是智利采用的主要养殖系统。养殖方式有粗养、半精养和精养三种。1921～1973 年期间智利政府按照规划创立了软体动物养殖中心、鲑鱼养殖中心，采用粗养和半精养模式进行贝类养殖，发展以海洋增殖为基础的商业渔业，从 20 世纪 80 年代中期开始，智利的水产养殖快速发展，80 年代后鲑鱼产业显著发展。在管理方面，水产养殖由渔业部和国家渔业署管理。渔业部负责协调制定发展政策和行动计划，并确定标准实施。国家渔业署负责该领域的法规的执行，监督进入国际市场的渔业产品的卫生质量，建立海洋保护区并收取费用，提供渔业和水产领域官方统计。2003 年年底又确立了国家水产养殖政策，设立国家水产养殖委员会。海水养殖活动要在国有租赁海洋区域内进行，必须由国家通过海军副部长、渔业副部长或在适当时国家渔业署授权。在法律方面，水产养殖活动由《渔业和水产养殖总法》和其修正案以及1991年颁布的19079和19080号法律规范，2001年，颁布了《水产养殖环境规则和条例》，确立了水产养殖项目环境可持续发展的具体要求。研究所方面，有鲑鱼技术所这样的私人机构以及生命科学所，也有国立或国家控制的研究所。在筹资方面，国家设立了几类财政手段和基金资助与水产养殖有关的研究、开发、技术转移计划和项目，大量重要的项目涉及养殖种类多样化、创立或采用养殖技术、改善饲料、疾病诊断和治疗办法以及技术转移。

第三节　经验借鉴

一、积极推进水域滩涂规划和养殖规划制定工作

针对海洋功能区划调整和养殖面积缩减的新形势，以提高质量和效益作为提升水产养殖业发展的目标，在对重点养殖水域滩涂资源和养殖容量进行调查研究的基础上，科学合理地确定养殖区域、养殖规模、养殖容量、产业布局，引导养殖业健康发展。同时，继续推进养殖证制度建设，有效控制养殖的自身污染及对海域环境的影响，促进水产养殖业的可持续发展。

在制定相关规划前，有必要对我国重要的养殖水域的生态环境从水体污染、初级生产力、生物资源等方面进行调查和研究，查明养殖水域环境的基本状况，深化对海洋环境要素的时空分布、变化规律和制约因素的认识，形成养殖水域生态系统的健康评价模型，为海洋环境的健康发展、海洋资源的开发利用和环境保护工作提供基本依据。同时，注意运用物理、化学和遥感等多种手段，利

用水体中优势种和指标种变化来评价水域环境质量。

二、强化政府对海水养殖业发展规模经济的公共服务职能

针对海水养殖业发展面临的诸多制约因素、产业健康发展、养殖业户稳定增收还十分困难的现实，各级渔政管理部门及其工作人员，应创新管理理念，增强服务渔业、服务渔民的意识，把广大养殖业户的根本利益作为工作的出发点和落脚点，将工作重点转移到推进现代海水养殖业建设、维护渔民合法权益、促进社会和谐发展上来，做到"为渔民服务，让渔民满意"，为产业发展创造良好的社会环境。如增强渔业生态环境保护和应急反应能力。加强渔业生态环境常规监测和专项监测工作，完善渔业水域重大污染事故应急预案和机制，加大渔业污染事故调查处理力度，提高事故应急防控和处置能力，切实维护渔民合法权益和渔业利益。

三、整合科研资源，为海水养殖业发展规模经济提供技术支撑

海水养殖业发展规模经济需要扬弃传统养殖业中的养殖方式、管理理念，只有在许多方面形成新的养殖技术、新的养殖设施与新的养殖模式，才能推进现代海水养殖业的发展。这就要求既要坚持以企业为技术创新主体，又必须加强科研单位的理论和技术创新的作用，要以科研单位为新技术和新设施研发的主体，企业为研发成果应用和效果检验的主体，最后形成科研单位和企业联合进行攻关，改进和完善新型养殖设施和养殖技术，并进行示范和推广。

在资源养护方面，针对海水养殖业亟待解决的资源养护与开发利用的突出矛盾，重点突破近海典型水域生态承载力和海水养殖潜力评价等关键技术，集成海水养殖业典型生境修复、重要渔业种类增殖和近海资源养护型捕捞等近海水生生物养护与环境修复新模式，构建海水养殖业技术创新平台，为现代海水养殖业的可持

续发展提供技术支撑。

在养殖技术方面，针对海水养殖与滩涂高效开发面临的技术“瓶颈”，重点研发集约高效、清洁生产的养殖设施、共性技术和养殖模式，集成示范苗种培育、健康养殖和滩涂高效开发等关键技术，构建现代海水高效健康养殖技术体系，为产业升级提供装备和技术支撑。特别是，加强有助于优化养殖结构方面的研究与攻关，构建经济效益和环境效益俱佳的多营养层次综合养殖模式和技术，促进我国海水养殖业从数量增长型向质量发展型转变，从而引领我国现代海水养殖业的健康发展。

在养殖病害防治方面，针对我国海水养殖鱼、虾主要流行性病害，开展无公害防治研究。建立实用检测及预警技术，以实现疾病的早期快速测报；研发一批包括新型疫苗、免疫调节高效分子、生态防控产品在内的疾病无公害防治生物制剂及其应用技术，建立病害生态防控技术，构建病害综合防控技术体系；加快病害控制关键技术和核心产品的成熟化、系统化和规模化，形成一批检测诊断试剂盒、疫苗、生态防控产品、免疫调节高效分子制剂及生态防控产品的产业化中试基地；建立海洋水产病害综合防控示范基地，通过示范推广有效降低病害发生，提升我国海洋水产病害控制水平，为海水养殖业健康可持续发展、水产品质量安全提供技术支撑与保障。

四、有针对性地开展渔业资源增殖放流活动

加大渔业资源增殖和生态建设力度，安排专项资金开展“渔业资源增殖放流示范项目”，扩大增殖放流规模。各级渔业主管部门要加强对增殖放流工作的组织领导，严格执行资源增殖放流方面的有关规定，科学选定放流品种和规格，苗种供应实行公开招标，数量规格实行社会公证，放流活动吸收公众广泛参与，确保渔业水域生态安全，提高放流质量和效果，使广大渔民真正得到实惠。要

组织开展海洋牧场建设等方面的专题研究，积极探索渔业资源增殖和水域生态建设的有效途径，遏制资源衰退和生态环境恶化的趋势，不断改善渔业水域生态环境。

五、拓展产业链条，提升海水养殖业规模效益

遵循渔业经济发展规律，坚持多功能的发展方向，积极拓展渔业发展空间。重点引导发展渔业第二、三产业，特别是要扶持水产品深加工和物流业，促进渔业产业链向产前、产后延伸，提高渔业附加值和整体效益。海洋生物资源加工和流通是联系海水产品原料生产与消费的桥梁和纽带，在整个“海洋农业”产业链中起着龙头和带动作用，是生产与消费的主导因素。发展和壮大海洋生物资源加工和流通产业，不仅可以引导海洋水产品的生产与消费，推动海水养殖业的发展；还可以通过促进渔民增收，确保海水养殖业的可持续发展，促进和谐社会建设。

海水养殖业的效益要远远高于陆地种养殖业。由于所处的生态环境较为特殊，海水产品在代谢、生理、生化等方面形成了很多独特的性质及其物质积累模式，海水产品具有安全、优质、营养和有利人类健康的天然属性。同时，从海水产品中提取安全、生理活性显著的天然活性物质，是制造高品质保健食品的良好原料。海洋保健食品不仅在有着几千年药食同源、饮食养生文化的中国，即使在欧、日、美等国家也有着广阔的市场。因此，我国不仅迫切需要开发更安全、卫生、味美、方便的海洋食品，并且有必要利用海洋生物活性物质开发出大量可增进健康、预防疾病的营养食品和保健食品，以满足人们改善膳食营养结构、提升健康水平的重大需求。因此，需要进一步拓展渔业的食品安全保障功能、生物保健功能、调整产业结构功能。

第五章　我国海水养殖业规模经济的发展与存在的问题

改革开放 30 多年来，我国利用 10%的海洋滩涂与水域面积创造了 26%的海洋 GDP，估计到 2020 年我国海洋渔业的产量要达到 4 000 万吨/年。根据我国的政策和海洋渔业资源现状，海洋捕捞产量将长期维持零增长。因此，海水养殖不仅现在是、而且将来仍然是人们利用海洋生物资源以保障食物安全的一个重要的途径。海洋渔业资源与生态专家估计，如果要稳定我国目前水产品的人均消费量，到 2030 年前后全国人口若达到 15 亿，我国水产品需求要增加 2 000 万吨以上。

为改变传统养殖方式对我国海洋生态环境、海洋渔业产业结构调整等方面的消极影响，满足日益增长的人们水产品需求，近年来随着现代科学技术的快速发展，我国开始尝试通过推进海水养殖业技术升级、扩展经营空间、开展规模经营等途径，探索现代海水养殖业发展的最佳路径。

第一节　开始重视海洋渔业资源与生态环境养护方面的产业发展

一、海洋渔业资源养护方面

针对我国近海生态环境恶化、渔业资源生物栖息地退化、渔业生产力下降、生态荒漠化日趋严重、资源严重衰退等问题，开展养护和修复海洋渔业资源与环境等行动已刻不容缓。为了遏制海洋渔业资源衰退趋势，实现渔业资源良性、高效循环利用，国家和有关主管部门高度重视，陆续颁布实施了《渔业法》、《野生动物保护法》、《海洋环境保护法》等相关法律法规。农业部配套制定了《水产资源繁殖保护条例》、《渔业法实施细则》、《水生野生动物保护实施条例》、《水生动植物自然保护区管理办法》、《水生野生动物特许利用办法》等规章制度。在此基础上形成了我国保护渔业资源和水域生态环境法律法规体系。此外，在《国家中长期科学和技术发展规划纲要(2006—2020 年)》、《中国水生生物资源养护行动纲要》等纲领性文件中，海洋渔业资源的养护及可持续利用已被确定为国家战略任务。2013 年 2 月 6 日，国务院讨论通过了《关于促进海洋渔业持续健康发展的若干意见》，将加强海洋生态环境保护和不断提升海洋渔业可持续发展能力作为今后一段时期的主要任务，提出“强化渔业水域生态环境监测，加强水生生物资源养护，改善水域生态环境”。

这些行政制度的颁布和实施为我国近海生物资源养护行动和管理提供了重要的法律支撑，并对生物资源恢复和可持续利用取得了显著的效果。在渔业资源养护管理制度建设方面，我国与其他渔业发达国家的差距并不十分明显。

就具体的行动而言，我国沿海各省份在近海开展了鱼、虾、蟹、海蜇等苗种放流和贝类底播增殖；开展了水生生物自然保护区建设和濒危水生野生动物救助等行动计划。各级环保、林业、水利、建设等部门开展了重点水域污染治理、自然保护区建设、水土流失治理、湿地保护等有利于水生生物保护的行动。

增殖放流作为渔业资源养护的最主要的有效措施已被世界各国所证实和采用，并形成规模化产业。例如，日本自 20 世纪 60 年代开始，迄今在其近海共放流 80 余种水生经济动物，并建立了较好的放流效果评价技术，形成了规模化的资源增殖放流产业。美国和加拿大自 20 世纪 60 年代开始，开展鲑鱼增殖放流活动，近年来每年都使用多种标记技术放流 30 亿尾的鲑鱼，回捕率高达 20%，是增殖放流研究和产业化的著名成功案例之一（NWT，2005）。韩国从 20 世纪 90 年代起陆续在其近海建立了多处国立水产种苗培育场和大型海洋牧场示范基地，放流 38 个水产品种以增殖渔业资源。我国海洋生物资源增殖始于 20 世纪 70 年代末的中国对虾放流，之后在政府资助和监管下，在近海系统开展真鲷、梭鱼、牙鲆、黑鲷、大黄鱼、中国对虾、乌贼、梭子蟹、魁蚶、海蜇等多物种增殖放流，其中中国对虾、海蜇、牙鲆、黑鲷等增殖放流已具产业化规模并取得了显著的经济效益。同时，针对增殖放流过程中存在管理体制不够健全、资金投入相对不足、科学研究相对薄弱等问题，农业部下发了《全国水生生物增殖放流总体规划（2011—2015年）》，规范和细化了黄渤海、东海及南海具体的增殖放流种类、任务。“十五”以来，我国实施了一系列水生生物资源和水域生态环境的养护制度和行之有效的管理措施，有力地促进了渔业的可持续发展。如中国对虾、大黄鱼、“四大家鱼”、鲷科鱼类、贝类及海珍品等经济种类的大规模增殖放流和底播增殖取得了明显效果，有效补充了重要渔业资源群体数量，增加了捕捞产量，促进了渔民增收和渔业增效；伏季休渔制度不断完善，休渔海域覆盖了我国管辖的全部四个海区，涉及沿海 11 个省份，休渔渔船约 10 万艘，上百万渔民上岸休渔。通过休渔，在一定程度上遏制了我国海洋渔业资源衰退的趋势，鲅鱼、带鱼、大小黄鱼等一些主要经济鱼类有了休养生息的缓冲，资源总量有所增加，种群结构得到改善。这些措施的实施，对养护渔业资源、保护水域生态、拯救濒危物种均发挥了至关重要的作用。

我国自 20 世纪 80 年代起开展人工鱼礁和海洋牧场建设技术的研发，1987 年，我国建立了 23 个人工鱼礁试验区。进入 21 世纪，随着资源与环境保护意识的增强，在近海开始大规模建设人工鱼礁，海洋牧场产业粗具雏形，在生态资源恢复方面取得了较明显的效果。到 2011 年底，我国从北到南形成了 50 多处以投放人工鱼礁和增殖放流为主的海洋牧场，包括辽西海域海洋牧场、大连獐子岛海洋牧场、秦皇岛海洋牧场、长岛海洋牧场、崆峒岛海洋牧场、海州湾海洋牧场等。据不完全统计，2000～2010 年全国人工鱼礁建设共投入 22.96 亿元，建设人工鱼礁 3 152 万立方米。广东省自 2002 年至 2011 年，共投资 8 亿元，建设人工鱼礁 100 座。北方沿海各省份的各级渔业主管部门也十分重视人工鱼礁建设，辽宁省于 2008 年 5 月审议通过了《辽宁省沿海人工鱼礁建设总体规划(2008—2017)》；山东省于 2005 年出台了“渔业资源修复行动计划”，并通过省财政资金扶持项目，大力推进人工鱼礁建设，到 2010 年 6 月，山东省通过政府财政资金建设的人工鱼礁项目达 21 处，累计投入建设资金 5 亿多元。这些行动计划的实施为推进我国渔业资源恢复和养护战略的发展起到了重要作用。

二、渔业生态环境保护方面

国家对海洋渔业生态环境保护的重视为环保产业的发展营造了良好的社会环境，加快了环保技术的研究步伐，取得了一批有价值的成果，如“工厂化鱼类高密度养殖设施的工程优化”、“海水贝类无公害养殖环境控制技术”、“浅海规模化贝类养殖与环境相互作用的研究——环境生态学研究部分”等。上述研究对于保护养殖水体环境，提高环境的去污能力和自我修复能力，实现长效管理，提供了切实可行的新技术和解决方案。

为了充分发挥海草床的水质净化等生态功能，我国创制了海湾养殖水域海草床生态恢复与重建技术，着重开展了海湾养殖水域底部海草床的生态恢复技术研究，创制了针对不同底部环境大叶藻海草的移植、种植和幼苗培育技术。

烟台开发区天源水产有限公司投资建设完成了养殖废水生物净化系统，形成了“一级筛滤＋四级藻贝参生物净化”的清洁模式。设计了组合式弧形筛，对其排放水进行筛滤。通过弧形筛的前期筛滤，可有效截留排放废水中的残饵、粪便等大颗粒有机物，显著改善一级藻贝参池易积累大量的有机物导致底质与水质恶化腐败的状况。该套系统投入生产运营后，通过实际运行效果检验，弧形筛去除水中有机物颗粒的效果达 60%以上。利用藻贝参池净化鲆鲽类养殖废水，同时进行海参和鲍鱼养殖，其效果显著。四级藻贝参池共计 60 亩，海参单产 400 千克/（亩・年），达到国内最好水平，取得了良好的经济效益。

沿海各地也在积极探索保护海水养殖业生态环境的措施，成效比较显著的是荣成湾生境和生物资源恢复工作与江苏盐城滨海湿地保护活动。

荣成湾位于山东半岛东南侧，属于著名石岛渔场所在海区。该海区是多种经济鱼虾类北上、南下产卵、索饵、越冬洄游的必经之地，既是鱼虾洄游的过路渔场，又是太平洋鲱、大头鳕、大银鱼的主要产卵水域，也是鹰爪虾的主要越冬场，有经济鱼虾类近 100 种。因沿岸多为岩礁或砾石，适宜于海藻生长，历史上曾经是海带、裙带菜、石花菜、条斑紫菜、大叶藻等的集中分布区。但随着社会经济的快速发展，强烈的人为干扰影响，将原本健康的近海生态系统推向了逆向演替之中。历次调查表明，荣成湾主要海洋生物资源呈现小型化、低龄化特征，生物多样性显著降低，优质、大型经济生物资源种群数量急剧下降，生态系统处于不稳定状态。受底拖网、海水养殖和周边海洋工程等因素影响，近岸海藻、海草场退化，导致太平洋鲱、大银鱼等产卵床消失，低质、小型、生命周期短、营养级水平低的种类资源相对上升，并引发多起生态灾难，如有害水母泛滥、海星肆虐等，诸类生态灾难的多发均与生态失衡密切相关。

针对荣成湾海水养殖业规模化发展面临的自身污染导致的环境恶化和资源衰退等问题，中国科学院海洋研究所、山东省海水养殖研究所、国家海洋局第一海洋研究所和中国海洋大学在荣成湾开展了生境与重要经济生物资源修复技术集成及示范。调查了荣成湾海域的主要污染物、环境因子和生物资源，建立了基于POM的水动力学模型和环境容量模型，构建了人工藻（草）床和人工鱼礁，研究了大叶藻种植、移植栽培技术，研制和投放了牡蛎壳海珍礁、三层组合式海珍礁、石头礁、A字形水泥礁、三角水泥礁、船礁、水泥管礁、混凝土构件藻礁、扇贝壳藻礁和方形钢筋水泥礁10种人工鱼（藻）礁，进行了关键生物种类刺参、魁蚶、长蛸、许氏平鲉、鼠尾藻和海黍子苗种繁育技术研究及刺参、魁蚶、皱纹盘鲍、长蛸、菲律宾蛤仔、许氏平鲉、褐牙鲆、鼠尾藻、海带和龙须菜资源增养殖，与山东俚岛海洋科技股份有限公司、马山集团有限公司、山东高绿水产有限公司和山东鸿洋神集团等单位合作，建立核心示范区26 442.5亩，推广示范221 600亩，综合经济效益提高15%～35%，有效促进了荣成湾生境和生物资源的恢复，为我国海洋环境保护和资源恢复提供了理论依据和技术支撑，初步为我国海洋渔业的持续健康发展探索出一种生态、高效、稳定的发展模式，同时增加了企业的经济效益。

盐城滨海湿地位于江苏省沿海中部地区，是中国最重要的湿地资源，其东临黄海，海岸线南北长约582千米，东西最大宽度约20千米，总面积4 553平方千米，约占全国涂总面积的1/7，其中潮上带1 673平方千米，潮间带1 613.3平方千米，辐射沙洲1 267平方千米。土壤类型主要为沼泽滨海盐土，拥有面积广大的淤进型海岸滩涂①。

① 陈洪全.江苏沿海湿地旅游资源的开发与保护[J].盐城师范学院学报（人文社会科学版），2004(3)：99-102.

该区是中国生物资源最丰富的区域之一，根据资料统计，盐城滨海湿地共有高等植物 111 科 346 属 559 种，各类动物计 1 665 种，其中Ⅰ级保护动物 14 种、Ⅱ级保护动物 84 种①。植物资源以盐生植物为主，按经济用途可分为香料植物、药用植物、纤维植物、饲草、油脂及树脂植物等；动物主要有鸟类、浮游动物、潮间带动物、鱼类、两栖动物、哺乳动物等。

盐城滨海湿地是中国最大的海岸带湿地类型自然保护区，区域内有国家级珍禽自然保护区和大丰麋鹿国家级自然保护区，两大国家级保护区的建立，使该区域基本上保持了天然湿地的生态结构和功能，并有独特的资源价值、生态价值和人文价值。作为海陆交界过渡生态系统，滨海湿地是海洋资源最丰富、最集中的区域，依托当地资源优势，盐城滨海湿地产业呈现出多方位立体化的发展结构与趋势，主要特色产业有盐业、水产养殖业、滩涂采集业、盐土种植与加工业、旅游业等。盐业是该区传统产业，面积和产量均居全国之首；以丰富的鱼虾贝等海洋生物以及耐盐蔬菜资源为依托，以水产养殖业和滩涂采集业为代表的"海洋农业"基础雄厚，并形成了从优质种苗培育、高效人工养殖到初级与次级产品加工的较为完备的产业链条；旅游业发展快速，以湿地生态游为主体，包括科普与研究（观鸟、观兽、观潮、观赏植物、标本采集等）、自然观光、休闲度假（享受森林浴、泥浴、垂钓、拾贝、泛舟、野营等）、历史文化（海盐文化、滩涂垦殖史等），游客以学生、科研人员及城镇观光客为主，盐城湿地旅游正在向集动物保护、生态旅游、科研培训于一体的科普宣传教育基地方向发展。

据 2012 年统计资料显示②，盐城湿地区域内盐业生产面积 22 万亩左右，年产量达 40 多万吨，产值 2.4 亿元；旅游业年接待各类

---

① 丁晶晶，王磊，季永华，等. 江苏省盐城海岸带湿地景观格局变化研究[J]. 湿地科学，2009(3)：202-207.

② 任美锷. 江苏海岸带和海涂资源综合调查报告[M]，北京：海洋出版社，2012.

人员70万人次，旅游年收入1 500万元；滩涂养殖面积69.394 5万亩，产量15.050 2万吨，实现年产值25亿元；滩涂采集业年产量10.075 0万吨，产值17亿元，从业人员人均年收入可达4.2万元；耐盐蔬菜种植与加工业发展迅速，培育出一批优秀的盐土农产品精深加工企业，建立了较为完备的盐土农业产业链条。

第二节　培育优良品种，推进海水养殖业规模化发展

国内外的经验表明，优良品种是推动养殖产品产量和质量大幅提升的主要因素之一。据美国畜禽联合会测算，动物品种的养殖产品产量的增幅的贡献率为35％。据中国农业科学院经济与发展研究所预测，1985～1996年期间，我国农业的良种贡献率为35％～38％；中国种业知识产权联盟发布的报告提到，近年我国品种培育水平和推广水平稳步提高，良种对农业增产的贡献率超过40％。良种的科技固化程度高，通过把复杂的高新技术成果凝聚到种子里，转化成为相对简单的技术易被农民接受和应用。良种是良种良法等农业增产技术的核心，所有农业技术最终是依靠品种实现其最终生产效益的。

随着海水养殖业的快速发展，对良种培育提出更高的要求，从早期的单一产量育种飞跃到生长、发育、繁殖和抗逆能力等综合性状遗传改良，已成为当前及未来世界水产养殖业发展的主要推动力。因此，我国大力发展种业，开展水产种质创新，对于保障海水养殖业的健康可持续发展、促进渔民增收、培育战略性新兴产业具有重大意义。

20世纪90年代初以来，我国成立了全国水产原良种审定委员会，启动国家级原良种场建设规划，投入大量资金实施水产良种工程建设。到“十一五”末，据统计国家累计投入资金16亿元支持

428个水产原良种工程建设。初步建立了以遗传育种中心为龙头、国家级及省级原良种场为基础、苗种繁育场为骨干的水产原良种研发和生产体系。《国家中长期科学和技术发展规划纲要(2006—2020)》明确要求发展畜牧水产育种,提高农产品质量。当前,我国海水养殖业正处于"十二五"攻坚的关键时期,也正处于现代水产种业体系逐渐形成的时期。2012年中央1号文件《关于加快推进农业科技创新,持续增强农产品供给保障能力的若干意见》,明确提出"着力抓好种业科技创新",要求"加强种质资源收集、保护、鉴定,创新育种理论方法和技术,创制改良育种材料,加快培育一批突破性新品种"。2013年中央1号文件《关于加快发展现代农业,进一步增强农村发展活力的若干意见》也明确提出"推进种养业良种工程,加快农作物制种基地和新品种引进示范场建设","继续实施种业发展重点科技专项"等要求。国家陆续推出的海洋开发战略不仅为我国现代种业的发展指明了前进的方向,也为种业及其相关产业提供了新的发展机遇。

随着国家原良种体系各项基础设施建设的逐步完成,特别是水产遗传育种中心逐步正常运转,我国现代水产种业的基础条件已粗具规模。经过几十年的实践探索,传统选育技术日趋完善,逐步推广应用以多性状复合育种技术为代表的现代育种技术,现代种业发展的技术条件已具备。

相对于农业、畜牧业,海水养殖业的良种产业刚刚起步,初现端倪,但已显露出巨大的潜力。我国各级政府高度重视水产种业的发展,在国家主要科研计划的支持下,我国开展了贝、藻、鱼、虾等主要海洋经济物种的育种研究,先后培育出了"黄海"1号和2号中国对虾,"南海1号"斑节对虾,"蓬莱红"栉孔扇贝,"中科红"和"中科2号"海湾扇贝,"海大金贝"虾夷扇贝,"大连1号"和"东优1号"鲍鱼,荣福海带,东方2号、"爱琴湾"、"黄官1号"、"三海"海带,"申福1号"、"闽丰1号"紫菜,"中科1号"、"科海1号"、"中兴1

号”、“桂海 1 号”凡纳滨对虾，“黄选 1 号”梭子蟹，“海优 1 号”马氏珠母贝，“光合 1 号”中华绒螯蟹，“丹法”大菱鲆，“鲆优 1 号”、“北鲆 1 号”牙鲆，“闽优 1 号”大黄鱼，“水院 1 号”海参等 30 余个海洋生物新品种，产生了显著的经济和社会效益。另外，基于海珍品优良品种苗种中间培育技术，构建不同地理群体虾夷扇贝 BLUP 育种体系、雌雄同体自交家系、红白柱杂交 F_1 代的 F_2 传代以及红白柱混合家系 136 个，获得各家系性状数据共计 1 000 多条，完善了扇贝生产性状数据库；研制出新型筛网，提高了虾夷扇贝苗种中间育成成活率；运用 SSR 标记对选育群体和野生群体进行了分析，对虾夷扇贝和栉孔扇贝进行了比较转录学分析，初步构建虾夷扇贝高精度遗传连锁图谱。众多的“1 号”既显示了我国海水养殖良种培育的成果，也表明了相关良种培育工作尚处于起步阶段。

第三节　不断完善、创新养殖模式，提高海水养殖业规模效益

一、工厂化养殖成为海水养殖业发展的主要模式

工厂化养殖是指运用自动控制学、建筑学、机电学、化学等学科原理，模拟养殖物种的天然的生理、生态环境，通过机械化、数字化设备，对养殖过程实行半自动或全自动化管理，从而最大限度地提高单位养殖产量和质量，且不产生养殖系统内外污染的一种现代养殖方式。我国的工厂化养殖产业起步于 20 世纪 80 年代初。随着梭鱼、真鲷、黑鲷、河鲀、大黄鱼等经济鱼类繁育与养殖技术的突破，这些种类的初级集约化养殖开始兴起，但由于当时养殖技术落后、养殖设施比较简陋及经济实力有限等原因，养殖密度低、养殖成活率低、养殖效益低，产业化规模受到极大限制。进入 20 世

纪 90 年代以后，随着大菱鲆的引进和“深井海水＋温室大棚”养殖模式的确立，我国的工厂化养殖进入快速发展期，截止到 2012 年，我国海水鱼类工厂化养殖规模突破 1 924 万立方米，养殖种类拓展到大菱鲆、牙鲆、半滑舌鳎、石斑鱼、三文鱼、河鲀、真鲷、鲍鱼、星鲽等 20 多个经济品种，年产量 10 万吨以上，年产值超过 200 亿元，是名副其实的世界第一养殖大国。2012 年工厂化养殖产量达到 15.891 6万吨，但工厂化养殖 90％为“深井海水＋温室大棚”开放式流水养殖模式。这种养殖模式存在很大的缺点和不足：一方面，在设施、设备与土地利用率、养殖密度、养殖成活率、养殖效益及养殖技术等方面水平很低；另一方面，开放式流水养殖的大排大放对近海环境的污染和疾病在主要养殖区及养殖品种间的交叉感染容易引发大规模疾病的流行。代表先进生产力的工厂化循环水养殖能够有效解决上述问题。在国家相关政策的扶持下，“十一五”以来，工厂化循环水养殖取得了很大发展。目前，我国开展海水工厂化循环水养殖企业近 70 家，养殖面积突破 50 万平方米。虽然仅占我国陆基工厂化养殖面积的 10％，但由于循环水养殖具有节水、节地、节能、低排放、养殖效益高、产品绿色无公害等特点，其在产业中的科技示范与带动作用和对产业转型升级所发挥的推动作用正在逐步显现。

二、池塘围堰养殖稳步发展

我国的海水池塘养殖是从 20 世纪 70 年代末中国对虾的大规模养殖开始的，其间经历了低密度养殖、高密度养殖、多茬低密度养殖、多品种生态养殖的探索发展路程。

1.海水池塘围堰养殖面积

全国水产养殖面积呈现逐年增加的趋势，2007 年全国水产养殖面积 5 745.09 千公顷，其中海水养殖面积 1 331.48 千公顷，占水产养殖总面积的 23.18％；到 2012 年全国水产养殖面积

8 088.403千公顷，其中海水养殖面积 2 180.927 千公顷，占水产养殖总面积的 26.96%，统计显示我国近几年海水养殖面积及其所占水产养殖面积比例均呈稳步缓慢扩增的趋势。而对于海水养殖模式中的池塘养殖，近几年养殖面积变化不平稳。根据《中国渔业年鉴》，2008 年全国海水池塘养殖面积为 350.829 千公顷，占海水养殖面积的 22.22%，到 2009 年全国海水池塘养殖面积为416.383千公顷，提高了 18.69%，占海水养殖面积的 22.39%。从 2009 年开始，海水池塘养殖面积呈现小幅度递减的趋势，到 2010 年，全国海水池塘养殖面积为 413.838 千公顷，下降了0.61%，占海水养殖面积比例为 19.89%；到 2011 年，全国海水池塘养殖面积为405.396千公顷，下降了 2.09%，占海水养殖面积比例为 19.25%；到 2012年，全国海水池塘养殖面积为 437.630 千公顷，增长了7.95%，占海水养殖面积比例为 20.06%。

可以看出，全国海水养殖面积呈现逐年递增的态势，但是增加幅度逐渐减小，渐渐趋于缓和状态。可是，其中海水池塘养殖面积从 2009 年开始呈现缓慢下降态势，分析认为，部分原因是工厂化养殖模式的逐步得到推广和运用。统计数据显示，2008 年，全国海水工厂化养殖水体为 9 744 375 立方米，到 2011 年，扩增到14 904 654立方米，增长了 34.6%；2012 年增加到 19 243 855 立方米，增长了 29.1%。

从分布地域看，目前，我国海水池塘养殖主要分布在天津、河北、辽宁、江苏、浙江、福建、山东、广东、广西及海南 10 省份。根据2011 年中国渔业统计数据显示，海水池塘养殖面积排名前四的依次是山东(125.287 千公顷)、广东(68.557 千公顷)、辽宁(47.024千公顷)、江苏(46.598 千公顷)，四省份的海水池塘养殖面积共计287.466 千公顷，占全国海水池塘养殖总面积(405.396 千公顷)的70.91%，其中山东海水池塘养殖面积最大，占全国海水池塘养殖面积的 30.9%。2012 年海水池塘养殖面积排名前四的依次是山东(128.404 千公顷)、广东(74.229 千公顷)、辽宁(62.328 千公顷)、江苏(45.001 千公顷),四省份的海水池塘养殖面积为309.962 千公顷,占全国海水池塘养殖总面积(437.630 千公顷)的70.83%,其中山东省海水池塘养殖面积仍然最大,占全国海水池塘养殖面积的 29.34%。

2. 我国海水池塘养殖种类

我国海水池塘单品种养殖开始于 20 世纪 70 年末的中国对虾大规模养殖,现逐步发展为综合生态养殖。养殖品种也从初始阶段的单品种的中国对虾养殖,发展到基本覆盖所有海水养殖产品。我国海水池塘养殖品种如表 5-1 所示。

表 5-1　我国海水池塘养殖种类

鱼类	鲈鱼、鲆鱼、大黄鱼、军曹鱼、美国红鱼、石斑鱼、河鲀、鲽鱼、鲷等
甲壳类	凡纳滨对虾、斑节对虾、中国对虾、日本对虾、梭子蟹、青蟹等
贝类	牡蛎、鲍、螺、蚶等
藻类	江蓠、螺旋藻等
其他	海参、海胆等

资料来源:根据中国渔业年鉴整理。

3. 海水池塘围堰养殖产量

近几年,全国海水养殖总产量呈现稳步增产的趋势,而海水池塘养殖产量由于池塘养殖面积的变化,池塘模式养殖总产量也呈现不平稳的变化。2008 年,全国海水养殖总产量为 1 340.32 万吨,占海水产品总产量的 51.59%,其中海水池塘养殖产量为 141.422 1万吨,占海水养殖产量的 10.55%;2009 年,全国海水养殖总产量为 1 405.22 万吨,其中海水池塘养殖产量为 185.290 6 万吨,较 2008 年提高了 31.02%;占海水养殖产量的 13.19%;2010 年,全国海水养殖总产量为 1 482.32 万吨,其中海水池塘养殖产量为 197.831 7 万吨,较 2009 年提高了 6.77%,占海水养殖产量

13.35%;2011 年,全国海水养殖总产量为 1 551.329 2 万吨,其中海水池塘养殖产量为 195.736 1 万吨,较 2010 年下降了 1.05%,占海水养殖产量的 12.61%,主要是养殖面积的减小,对比 2010 年,2011 年海水池塘养殖面积下降了 2.08%;2012 年,全国海水养殖总产量为 1 643.810 5 万吨,其中海水池塘养殖产量为 212.702 0 万吨,较 2012 年绝对量增加了 16.945 9 万吨,相对量增加了 8.66%,占海水养殖产量的 12.94%。

由于池塘养殖面积增减变化不稳定,导致海水池塘养殖产量呈现不稳定的变化趋势。2009 年比 2008 年,产量提高了31.02%,到 2010 年,较 2009 年提高了 6.77%,到 2011 年,产量较上一年下降了 1.05%,2012 年比 2011 年增加了 8.66%。但另一方面,海水池塘养殖绝对量与单产量呈现递增趋势,如表 5-2 所示,从 2008 年到 2012 年,单产量一直呈递增趋势,到 2012 年单产量达到 4.86 吨/公顷,比 2008 年提高了近 20%。

表 5-2 我国海水池塘养殖单产量

年份	2008	2009	2010	2011	2012
单产量(吨/公顷)	4.03	4.45	4.78	4.83	4.86

数据来源:中国渔业年鉴(2009~2013)。

三、以清洁生产为主旨,大力发展滩涂养殖

滩涂一般是指平均高潮线以下低潮线以上的海域。我国沿海北起辽宁,南至广西、海南都有分布,是海岸带的重要组成部分。我国海洋滩涂总面积约 217 万公顷。海洋滩涂养殖为海洋水产业的重要组成部分,主要利用潮间带的软泥或砂泥地带进行海水养殖。我国滩涂养殖的主要对象为贝类、藻类,以及少量的弹涂鱼等鱼类。2011 年,我国滩涂养殖面积达到 677 千公顷,养殖总产量达到 564.177 0 万吨。2012 年,我国滩涂养殖面积达到 691.322 千

公顷，养殖总产量为 563.985 5 万吨。

目前，我国利用沿海滩涂进行养殖的大宗经济贝类主要有牡蛎、蛤类、蚶类、蛏类、螺类等。其中牡蛎从南到北都有大量养殖，养殖种类包括长牡蛎、近江牡蛎和褶牡蛎等，年产量近 400 万吨；蛤类主要包括菲律宾蛤仔、文蛤、青蛤等，年产量约 300 万吨；蛏类主要有缢蛏、大竹蛏、长竹蛏等，蚶类主要有泥蚶、毛蚶等，蛏、蚶类合计年产量约 100 万吨。

沿海滩涂贝类养殖模式在南、北方存在一定差异。北方一般为粗放式养殖方式，滩涂成片面积大，一定规格的贝类苗种投入滩涂后，至养殖规格后进行采捕。这种模式以山东、辽宁滩涂养殖为代表，为增殖养护方式。以浙江、福建为代表的南方沿海滩涂贝类养殖，养殖业者户均养殖面积不大，部分滩涂经围塘等方式提高养殖效率，养殖过程中随苗种规格变化进行疏苗，为多段式养殖，其养殖模式较北方精细。

我国滩涂贝类养殖生产的开展，取得了可观的经济效益和社会效益，为沿海渔民致富提供了有效途径。我国滩涂贝类养殖的规模和养殖种类都居国际首位，但总体而言，滩涂养殖还存着这滩涂利用率不高、养殖生产技术含量低、病害问题多发、良种覆盖率不高等问题，亟待通过科技进步，开展健康养殖模式与病害防治等方面的研究，进一步提升产业的科技水平和效益。

我国滩涂养殖藻类主要为条斑紫菜和坛紫菜。但从养殖技术而言，主要依赖于半浮筏式养殖技术进行养殖。2011 年，包括部分浅海沙洲的紫菜养殖总面积达到了 60.4 千公顷，养殖产量达到 10.3 万吨。2012 年紫菜养殖总面积增加到 61.456 千公顷，养殖产量达到 11.232 9 万吨。其中，江苏、山东等省养殖的条斑紫菜是我国藻类主要出口优势品种。我国滩涂养殖藻类主要面临的问题：可养殖空间随着近岸海洋工程开发及滨海工业区建设存在的空间萎缩，同时，紫菜苗种繁育和栽培规模化程度较低，存在着良种覆盖率低、养殖技术差异大等问题。

四、不断拓展浅海养殖产业空间

浅海海域(包括海湾、河口区域)是国内外海水养殖的主战场。近 90%的海水养殖产量来自于浅海海域,养殖的种类包括鱼类、贝类、藻类以及蟹类、刺参等等。我国大陆海岸线 18 000 多千米,拥有 15 米等深线以内的浅海滩涂 1 333 万公顷。尽管我国浅海养殖的产量高,但与欧洲相比,产值较低,如每吨藻类的价格,在欧洲为 2 160 美元,我国仅为 210 美元,相差 10 倍;每吨鱼的价格,欧洲为 64 400 美元,我国仅为 1 850 美元,相差 30 多倍。

随着土地资源和浅海海域资源日益紧缺,集约化的海水养殖成为必然。同时,我国积极探索多营养层次的综合养殖模式、基于大型藻类养殖的生态修复模式等,通过调整养殖结构,增加养殖种类的多样性,提高高价值、高品质养殖种类和品种覆盖率,减轻养殖活动对生态环境的压力。山东荣成市桑沟湾多营养层次综合养殖(IMTA)模式的探索就是其中的典型案例。

桑沟湾养殖水面 140 平方千米,平均水深 7~8 米,是中国最早开展海水养殖的海湾之一,20 世纪 80 年代,桑沟湾开展了多种模式的 IMTA 养殖试验,并且获得的巨大的成功,是中国典型的 IMTA 养殖区,引起了世界的关注。

20 世纪 60 年代桑沟湾就开始进行海带养殖,中国第一个海带育苗场建在其附近。80 年代开展了栉孔扇贝、牡蛎和虾夷扇贝等贝类的筏式养殖,并采用贝类和海带间养技术。扇贝和海带综合养殖能大幅度提高养殖产量,养殖初期,扇贝的养殖产量从 5 千克/亩提高到 50 千克/亩,海带的养殖产量从 1 700 千克/亩提高到 2 000千克/亩。但是由于养殖密度过大,20 世纪 90 年代扇贝大规模疾病的爆发,影响了这种养殖方式,海带的质量和产量都开始下降。此后,桑沟湾开展了“疏密工程”,减少了近湾贝、藻的养殖数量，90年代中后期对该湾海带养殖容量、扇贝养殖容量进行了研究，进一步规范了湾内扇贝和海带合理的养殖面积，提出了海带、扇贝和鱼类养殖“三分天下”的设想，三者养殖的比例大体上为7∶2∶1。从此，使桑沟湾的海水养殖朝着多营养层次的综合养殖方向发展。

21世纪初，桑沟湾又开展了鲍—海带综合养殖，这种养殖方式采用鲍鱼(置于在网笼中)和海带间养，用收获的海带喂养鲍鱼，这种养殖方式充分利用了水体空间，在维持生态环境稳定的基础上，大大提高了经济产出。以山东寻山水产集团有限公司为例，鲍—海带间养海区每亩养殖鲍100笼，每笼放养鲍77个，平均壳长83.26毫米，平均个体重106.61克，成活率为100%，每笼湿重7.17千克，示范区的鲍养殖总量为1 000万只。产值由单养海带的5万元/亩，提高到综合养殖后的20万元/亩。

目前根据养殖容量估算结果、养殖水域生态环境条件、养殖种类对营养的不同要求和生态互补特性，已经在桑沟湾建立并完善了扇贝与海带、牡蛎与海带、鲍鱼与海带间养、套养等鱼贝藻多种IMTA综合养殖模式。

第四节　充分发挥科技在海水养殖业规模经营中的技术支撑作用

为了促进海水养殖业的可持续发展，理论界与实务界积极做好实用技术成果的遴选、集成与推广工作，引导沿海地区，围绕主导品种，运用科学技术，促进潜在生产力向现实生产力转化，培植主导产业。

一、大菱鲆健康苗种培育及工厂化高效养殖技术

中国水产科学研究院通过“大菱鲆健康苗种培育及工厂化高

效养殖技术”(2001年立项)、“规模化大菱鲆优质苗种生产技术中试”(2006年立项)实施，进一步转化和推广“温室大棚＋深井海水”工厂化育苗和养殖模式，实现人工调控大菱鲆亲鱼多批育苗，推动了我国海水养殖第四次产业化浪潮的形成和发展，大菱鲆已成为我国北方沿海最重要的海水养殖品种。项目还开发了养殖大菱鲆和培育大菱鲆仔、稚、幼鱼的全价高效人工配合饲料；建立了日换水量不超过20%的工厂化循环水养殖模式。

二、半滑舌鳎高雌性化苗种规模化培育技术中试与示范

中国水产科学研究院建立了半滑舌鳎高雌性化苗种繁殖、培育、养殖技术，进行雌性化苗种的示范养殖，示范面积达2 000平方米，辐射养殖面积50 000平方米。目前已将苗种雌性比例提高到63%以上；销售收入90万元，利润45万元，社会效益400万元。半滑舌鳎高雌性化苗种繁殖培育技术的应用，提高了海水养殖业新品种培育水平，使商品鱼养成率成倍提高，提高了养殖效益。同时，带动了饲料、建筑、餐饮等相关行业发展，年增加就业岗位约8万人。另外，推动了海水鱼类增殖放流和资源修复事业的发展，取得了显著的经济效益和社会效益。

三、鲟鱼繁育及养殖产业化技术

鲟鱼是最古老的一种鱼类，野生驯养十分困难，中国水产科学研究院通过“鲟鱼苗种的人工扩繁”(2004年立项)和“小体鲟的人工繁殖及大水面放养中试”(2006年立项)实施，采用活体取卵技术，突破了史氏鲟幼鱼驯化难题。培育亲鱼和后备亲鱼1.2万尾，连续3年进行全人工繁殖，生产鱼苗77.6万尾。项目以“中心＋示范点”、“基地＋农户”的运作模式，组织实施了“千户、千池、千万元”的鲟鱼养殖示范工程，辐射带动24个省份，养殖量约占全国鲟鱼养殖的50%左右，产值11.3亿元。鲟鱼繁育及养殖产业化技术

开创了我国的鲟鱼养殖产业，实现主养鲟鱼品种的全人工繁殖，创建第一个鱼子酱出口品牌，推动我国成为世界最大的养鲟国家。年产值 10 亿元，累计产值超过 100 亿元。

四、深水网箱高效养殖系统的中试与示范推广

深水网箱是我国开发利用深水海域的重要设施。中国水产科学研究院通过“升降式深水网箱养殖系统的中试生产与养殖示范”(2004 年立项)和“深水网箱技术集成化高效养殖示范与推广”(2006 年立项)实施，优化了深水网箱设计及提升制作工艺技术，熟化了网箱工厂化制作工艺流程及产业化技术，提高了深水网箱的抗风浪能力(能够抵御海上风力达到 14 级)，形成一整套适合我国海区的深水网箱集约化养殖技术。通过示范推广，至 2010 年，累计新增效益达 24.56 亿元，节约引进网箱资金 7.15 亿元，新增就业岗位约 1 520 个。深水网箱养殖改善了我国近海养殖环境，带动了网箱养殖管理技术的发展，拓展了养殖空间，同时拉动了化工、饲料等相关行业的发展，社会、经济、生态效益显著。

五、罗非鱼产业化、现代化

罗非鱼产业良种化、规模化、加工现代化的关键技术的创新和应用，促进了罗非鱼种源、养殖及加工三大产业的形成，确保了我国罗非鱼产业规模全球第一的地位，创造了显著的经济和社会效益。在南方主产区，仅 2006～2008 年产值就达 217 亿元，加工出口创汇 16.7 亿美元。

六、全雌牙鲆反季节繁殖与育苗技术中试

牙鲆生长快，味道鲜美，且雌性生长更快，个体更大，经济价值更高。中国水产科学研究院在研究获得全雌牙鲆后，通过“全雌牙鲆反季节繁殖与育苗技术中试”(2006 年立项)实施，实现了全雌牙

鲆在春季产卵以外的其他季节均可产卵,3 个月培育后可在年内任意时间繁殖。该技术不需经任何化学性处理,即可有效地控制鱼类性别,不仅提高了饵料转化效率,而且具有极大的生态意义。项目实施期间共计产全雌受精卵 2.2 亿粒,价值 135 万元;用于合作企业孵化生产约 10 千克,约合 1 000 万粒。经与秦皇岛海鑫水产养殖公司等 6 家养殖企业合作,培育出大规格鱼种 275 万尾,产值达 605 万元,利润 270 万元。通过项目实施,为全雌牙鲆的进一步产业化奠定了坚实的基础。

另外,中国对虾"黄海 1 号"是我国第一个人工选育的海水养殖动物新品种,具有生长快、抗病能力强等优良性状,极大地推动了我国对虾产业的发展。累计推广养殖面积超过 15 万亩,产值超过 10 亿元。

第五节　防治病害,降低海水养殖业规模经营风险

我国拥有丰富的海水鱼类养殖品种,已有 60 余种鱼成功实现了人工育苗。据统计,2007 年我国海水鱼类养殖总产量超过 70 万吨,而且产量逐年攀升。仅山东省工厂化养殖大菱鲆的企业就达 500 家左右,养殖总面积 400 万平方米左右,从育苗、养殖到销售流通等,大菱鲆已形成了一个年产值达 30 多亿元的大产业。随着养殖规模的不断扩大以及集约程度的提高,海水养殖鱼类疾病呈现上升趋势,据调查,每年仅鱼类病害造成的经济损失超过 100 亿元。由此可见,病害的发生已成为制约养殖业发展的"瓶颈",病害的防治工作亦成为当前最突出和急需解决的问题。

我国海水养殖病害的频繁暴发,导致了化学药物的过量使用。据估计全国每年用于水产养殖业药物的费用超过 20 亿元,山东省

仅用于鱼类养殖业的抗菌药物费用就在 2 亿元以上，特别严重的是相当数量的养殖单位将定期大剂量使用抗生素作为预防疾病的措施，严重污染了近海水域，导致病原菌产生耐药性，破坏海洋微生态平衡，养殖风险逐步加大。2006 年“多宝鱼药物残留”事件使山东省大菱鲆养殖业损失达数十亿元，产业受到致命打击。2005 年 6 月《鹿特丹公约》及 2006 年 6 月《日本化学物肯定列表》对我国正式生效，这些都是针对我国农业生产中使用违禁农药和抗生素药物。

由于使用化学药物容易造成污染和残留，病原对抗生素的耐药性日益增强，因此开发低成本高效疫苗和抗菌、抗病毒功能产品，对重大流行性疾病进行免疫防治，已成为国际主流研发方向。自 20 世纪 70 年代美国商业开发成功弧菌病疫苗以来，以各种鱼类病原的全细胞灭活体为基本形式的灭活疫苗是目前世界各国商业鱼用疫苗的主要形式，为全球的水产养殖病害的有效防治提供了有力保障，并取得了显著的经济效益和社会效益，使抗生素的应用在欧美等水产养殖发达国家和地区大幅减少和禁用。挪威是世界海水养殖强国，然而在 20 世纪 80 年代，挪威的鲑鱼养殖业受病害的影响增长缓慢，每年使用近 50 吨抗生素却无法有效控制病害，到 90 年代初期，由于抗药性的产生，使用抗生素已无法有效控制病害，病害使鲑鱼养殖业严重受损。随后挪威开始广泛采用接种疫苗的病害免疫防治措施，鲑鱼养殖业开始复苏并展现良好发展趋势，产量呈现稳步快速增长态势。至 2002 年，其鲑鱼产量已超过 60 万吨，而抗生素的使用却已基本停止。这一事实充分肯定了免疫防治对鱼类病害的有效控制和对鱼类养殖业健康发展的积极推动作用。接种疫苗已成为世界现代水产养殖业的生产规范。在大力发展海水鱼类养殖业的进程中，抗生素被疫苗取代是必然趋势和发展方向，鱼类疫苗将给海水鱼类养殖业带来巨大的机遇。

一、贝类病虫害防治进展

我国贝类养殖的历史悠久，最早可追溯到汉代之前的牡蛎养殖。新中国成立后，老一辈科学家在极为困难的条件下，于 20 世纪 60 年代开始从事贝类养殖科学研究。80 年代以来，我国的贝类养殖业快速发展，养殖面积和产量大幅度提高，成为海水养殖的代表性产业，也使我国成为世界上最大的贝类养殖生产国。目前，我国进行规模化养殖的贝类种类主要有牡蛎、蛤、扇贝和鲍等 20 多个品种。2011 年我国海水贝类年产量达到 1 154.439 3 万吨，占当年海水养殖产量的 74.4%，2012 年海水贝类年产量为 1 208.36 万吨，占当年海水养殖产量的 73.5%，为沿海地区创造了巨大的经济效益和社会效益。

随着贝类养殖业的迅速发展，养殖规模的扩大及养殖历史的延长，病害问题也日趋严重。进入 20 世纪 90 年代以来，局部地区养殖贝类大规模死亡时有发生，给我国贝类养殖业造成了重大损失，极大地阻碍了产业的持续发展，甚至直接威胁到部分贝类养殖产业的生存。根据病因的不同，海洋养殖贝类病害的种类可分为四大类：微生物引起的疾病、原生生物或寄生虫引起的疾病、其他敌害生物引起的疾病和非寄生性疾病等。其中能引起海洋养殖贝类疾病的微生物有病毒（主要为球状病毒和虹彩病毒）、真菌、细菌（主要为弧菌）、原核生物样微生物（主要为立克次氏体、衣原体和支原体）等。

目前，贝类养殖产业中常见的病毒性疾病有鲍鱼的鲍疱疹病毒病、“裂壳病”、低温病毒病，扇贝的急性病毒性坏死症，蛤类的病毒性疾病，牡蛎的疱疹病毒病、虹彩病毒病等；细菌性疾病主要有鲍鱼苗期的“掉板症”、蛤类的弗尼斯弧菌病、副溶血弧菌病和溶藻弧菌病等，牡蛎的细菌性溃疡病；寄生虫疾病主要有吸虫类、桡足类等。以上疾病的发病水温一般高于 16℃，在我国的南、北方沿海都比较常见，通常情况下死亡率都在50%以上。相对其他病原来说，病毒性疾病对养殖贝类造成的损失更为严重，一些代表性的病毒性疾病如疱疹病毒、虹彩病毒病等在世界各国的养殖贝类中也都有发现。目前，我国基本掌握了贝类病害的流行规律特点，但在防控技术方面的研发工作有待进一步加强。为了给这一养殖产业提供更多的技术支撑，确保其健康、平稳发展，对主要经济贝类开展更多的病害防控研究是势在必行的。

二、海参的病害防治

刺参(Apostichopus japonicus)因其营养价值和保健作用极高，是我国目前进行规模化繁育和增养殖的唯一海参品种。进入21世纪，刺参的增养殖得到迅速发展，形成了一个以山东、辽宁、河北沿海为主产区，并以南北接力形式延伸到苏、闽、浙沿海的增养殖产业群。2012年，我国海参养殖面积已达到181.544千公顷，年产量20万吨左右，产值逾300亿元，是我国海水养殖单品种产值最高的种类，成为沿海渔业经济的支柱性产业，被誉为第四次海水养殖浪潮的主要养殖品种。

刺参相关产业吸纳约100万从业人员，积聚了庞大的资金投入，同时也带动了加工、饲料、保健食品等相关产业的发展，为沿海地区产业经济结构调整、战略新兴产业发展开辟了一条新的途径，产生了较好的经济效益与社会效益。

由于仅在中国实现了刺参的大规模繁育和养殖，其他国家在海参方面的研究多集中在生物学特性分析、繁育基础技术等方面，国外尚无可借鉴的产业发展经验。国内正处于刺参产业高速发展的关键时期，在刺参养殖产业方面存在的主要问题表现在以下几个方面：①种苗质量参差不齐，出现生长速度缓慢、抗逆能力下降等问题。②设施装备简陋、标准化养殖池塘基础设施建设滞后，养殖技术工艺粗糙，单产水平和成活率低下。以池塘养殖为例，平均单产仅为 60～100 千克/亩，成活率仅为 10%左右。③营养需求研究滞后，缺乏规范化、标准化生产，饲料配方混乱，缺乏科学的投喂策略。④刺参“腐皮综合征”等病害频繁发生，每年导致 30 亿～40 亿元的经济损失，缺乏有效的疾病控制有型技术产品。刺参室外养殖池塘中浒苔、硬毛藻和石莼等大型藻类的过度繁殖和暴发性衰败引起海参死亡。同时，以抗生素为主的防治措施产生药物残留对产品质量安全也构成极大的隐患，除草剂等化学药品的不规范使用对养殖环境的不良影响令人担忧。⑤养殖规模迅速扩展，来自各行各业的从业队伍急剧扩大，致使养殖技术水平参差不齐，产业技术的规范化和标准化水平不高。

产业中的上述问题直接影响到第五次养殖浪潮的生命线，并对海参产业的可持续发展构成巨大威胁，将极大地影响水产养殖业的稳定就业、投资环境、产业效益乃至沿海农村经济的繁荣。因此，扎实开展刺参良种选育、养殖设施装备研制、营养需求分析、病害有效控制技术产品研发，构建刺参现代产业技术体系是保障产业可持续发展的关键。

我国鱼类病害远程监测预警与诊断系统已在山东、广东、江苏、广西等地省、市、县水产技术推广站、鱼病医院、养殖户中得以运用。我国各省份已逐步建立起水生生物病害预警报告体系，病害测报工作的有序开展，对了解优势养殖品种重大病害发生情况，指导养殖者科学防控病害，以及为渔业主管领导决策或编制发展规划提供参考依据等都起到了积极的作用。

第六节　养殖机械化、数字化成为海水养殖业规模经营的新动力

我国的水产养殖机械化起步于 20 世纪 70 年代。几十年来，水

产养殖的机械化装备从无到有，不断发展。70 年代后期研发的增氧机，使我国养殖机械的发展进入了一个新阶段，到 80 年代中期，增氧机的品种已发展到叶轮式、水车式、射流式、喷水式、管式、充气式、涡流式等多种型式。期间，其他养殖生产机械也先后问世，如 70 年代末研制的水力挖塘机组、80 年代中后期开发的水下清淤机、80 年代初期研制的投饲机等，这些养殖机械的发明大大减轻了水产养殖的劳动强度，提高了养殖效果，为水产养殖业的稳定高产作出了巨大的贡献，尤其是增氧机的发明和饲料机的出现，使我国的水产养殖一跃成为世界水产养殖大国。经过几十年的发展，目前在养殖设施建筑，清淤，排灌，池塘管理，水质净化，增氧，饲料采集加工，投饲，鱼苗、鱼种及成鱼的活体贮运，鱼体收获，孵化，育苗等方面都有了相应的机械设备。但由于多种原因，即使在工厂化养殖中，仍然需要大量的人工劳作，主要的生产过程仍依赖有经验的工人进行管理。据调查，目前在近海养殖、筏式养殖、池塘养殖中的机械化程度尚不足 40%，如筏式养殖的种植、清理、收获等主要需要劳动力进行，文蛤养殖生产需要的耕翻、采种、播种、取捕、运输等机械设备更为短缺。即使在陆基池塘养殖中也仅仅在投喂、增氧等方面初步实现了机械化，其他如捕捞、施药、清理等仍然需要人工操作。

数字化是一项快速发展的技术，近年来数字化技术在渔业方面的应用越来越多，一批先进设备系统应用于生产过程，大大提高了劳动生产效率和管理水平，成为推进产业发展的新动力。如以互联网、自控技术和智能技术等信息技术为支撑的数字化水产发展迅速，实现了水产品生产全过程及其生态与环境和社会经济属性进行数字化和可视化的表达、设计、控制、管理，使水产品能够按照人类需求的目标生产，受到了产业的高度关注。

总之，从国内海水养殖产业的现状来看，开展养殖基础设施的规范化建设是转变和提升海水养殖业规模经营的正确选择，机械化、数字化技术是产业发展的新动力。

第七节　我国海水养殖业发展规模经济存在的主要问题

从海水养殖业发展规模经济的过程来看，现代海水养殖业在政策扶持、科技进步、市场拉动和国家综合实力增强等诸多因素的促进下，获得较好的发展，产生了巨大的经济、社会效益。但同时我们必须承认，我国海水养殖业发展规模经济刚刚起步，在养殖方式、养殖技术、病害防治等方面存在诸多的问题。

一、经济效益方面存在的问题

1. 产业集约化程度低

从浙江省的海水养殖业发展情况来看，海水养殖业 3/4 是以家庭承包作为经营方式，龙头企业和集体经济组织经营方式的比重偏低。家庭承包经营规模一般为每户 20～30 亩。而且一半以上以分散经营为主，相对集中连片面积较少，存在经营活动相对分散、运行机制不够规范、设施化程度低等问题。即使是规模经营组织，其发展水平也不高，内部管理、自我服务能力等都比较欠缺，抗风险能力、可持续发展能力、市场竞争力较弱。

2. 我国海水养殖业至今尚未形成有代表性的养殖品牌，产业链条短

目前国内形成商业化订单经营模式的龙头企业为数不多，低水平运转的个体生产者数量庞大。总体表现出组织化程度低和经营素质不高，养殖业者受传统农业思维束缚，对新理念、新科技的吸收转化速度缓慢等问题。这方面与国外养殖企业的差距比较大。

3. 海水养殖业的产业化程度低

养殖池塘大都建设标准低，配套设施简陋，产出能力逐年下降；渔业良种体系不健全，水产苗种场设施老化，选育设施建设不足，已经不适应现有水产养殖业发展的实际需求；现有海水养殖技术和理论仍滞后于实际生产的需要，资源与环境付出的代价大，与可持续发展尚存较大差距。如优质配合饲料的使用是现代海水养殖业发展过程中保证海水产品质量的重要环节，但我国在推广应用过程中仍然存在着配合饲料普及率低，污染水域和营养研究不够深入，饲料工艺针对性不强等问题，导致部分海水养殖鱼类的饲养效果不理想，养殖效益低下。

4. 养殖空间日渐减少

近年来随着我国沿海地区发展临港工业、拓展交通空间、扩张旅游用地等工程的实施，适宜开展海水养殖的海岸带面临着日趋减少的压力。因此，基于长远战略安排的需要，继续推进海水养殖业发展规模经济就成为海水养殖业发展的必然选择。2012 年上海市海水养殖业的相关统计指标为零，充分说明了海水养殖业空间紧张的现状。2008～2012 年浙江海水养殖面积呈逐步下降趋势，依次为 96.14 千公顷、94.51 千公顷、93.91 千公顷、90.84 千公顷和 89.75 千公顷。

5. 海水养殖产业风险保障机制不完善

首先，我国目前的渔业互保主要保的是渔民和渔船，渔业互保协会里所涉及的险种基本上与海水养殖业无关。其次，由于海水养殖业高风险与高收益的不匹配，商业保险公司设计的险种中没有专门针对海水养殖业。海水养殖户没有相关的风险保障，一旦遭受损失，只能自己承担。灾后重建工作是一项长期工程，许多养殖户根本没有多余的启动资金。因此，海水养殖灾害保障机制是维持我国海水养殖业持续、稳定、健康发展的重要保证，税收优惠、财政补贴政策在这方面可以有效推动保障机制的建设与完善。

二、良种培育方面存在的问题

虽然我国海水种子工程取得很大的进步，但离产业的需求差距甚远，目前我国的海水养殖良种覆盖率总体只达到25%左右，产业对良种的需求非常迫切。我国现代“海洋农业”正面临着从“规模产量型”向“质量效益型”发展的关键时期。据农业部渔业统计年鉴的资料，我国从事水生生物孵化、繁育生产的苗种场15 000多家，繁育虾类育苗7 356亿尾，贝类育苗12 854.46亿粒，海带育苗395亿株，鱼苗4.5亿尾。海洋种业的发展空间和潜力十分巨大，但优质高值养殖种类产量总比例不足1/10；适于养殖的优良苗种遗传改良率仅为1/4，远低于种植业和畜牧业；良种数量少不能满足我国多样化养殖和拓展养殖空间的需要，海水养殖病害及其引发的水产品质量安全形势依然严峻，传统养殖水域空间萎缩以及生产力不断下降等问题严重制约了我国海水养殖业生产能力、作业方式与水平。如我国凡纳滨对虾养殖产量达100余万吨，但优质虾苗依赖OI提供的优良种虾，仅亲虾每年的进口数量就在10万对以上，每只300～500美元。2011年我国生产对虾苗种7 356亿尾，其中凡纳滨对虾虾苗在6 332亿尾以上，美国良种虾苗的价格为120～160元/万尾，是我国的当地普通苗种价格的10倍左右，仅良种凡纳滨对虾苗种一项的产值就在百亿元人民币，可见良种种业的巨大经济效益。

1.我国对丰富的水产种质资源的保护开发利用能力尚处于起步阶段

我国的水产种质资源虽然比较丰富，但对水产种质资源的收集、保护和研发能力不足，已有的种质保存工作零散、缺乏系统性，大多没有标准化的管理体制和长期经费支持，基本没有发挥种质资源库服务种业发展的作用。现有的水产种质鉴别方法仍主要停留在形态学分类水平上，缺乏分子水平的鉴别技术，对进一步保护和研究水产遗传资源造成技术上的困难，有待大力予以改进。

2. 落后苗种生产方式和设施设备不能满足海水养殖业规模化发展的需求

当前我国水产苗种主要有三种生产方式：一是完全依赖天然资源型，直接从自然水域捕捞幼苗进行养殖，尚未建立其人工繁殖技术，如鳗鲡采用这一方式；二是半人工型，从自然水域捕捞亲本，采用人工繁殖方式获得苗种或部分地捞取苗种，这是目前我国绝大部分养殖种类的苗种生产方式；三是全人工型，养殖种类的苗种全部来源于人工选育良种繁育的后代，我国只有少数水产种类能够实现全人工型苗种供应。这说明目前我国海水养殖业主要依赖于自然水产种质资源的开发利用，而海水养殖业的规模经营给自然资源带来了巨大压力。相对于发达国家在水产苗种繁育技术和育苗技术的精准化、数字化和信息化等发展途径，我国在苗种繁育技术方面则更多向低成本、简易化和规模化模式发展，虽然在提供低价大规模苗种和促进产业发展方面起到重要作用，但不可否认，也带来了苗种的生产稳定性差、苗种质量难以保障、技术提升空间小等问题。

3. 良种对海水养殖业增产的贡献率低

良种是增产的关键，在其他条件相同的情况下，良种的使用可显著增加养殖产量。我国海水养殖业的发展更多依赖不断增加的养殖种类和不断扩张的养殖规模，良种对水产业增长的贡献率还很低。与水产养殖业发达的挪威、澳大利亚等国相比，我国水产业的良种贡献率也是较低的，我国水产良种增产贡献度有巨大的提升空间。

三、养殖方式方面存在的问题

1. 滩涂养殖亟须兼顾生态和经济效益

20 世纪 60 年代以来，泥蚶、缢蛏、菲律宾蛤仔、文蛤等滩涂贝类半人工采苗、土池人工育苗和工厂化育苗技术相继获得成功，为开展滩涂贝类增养殖提供了充足的苗种，滩涂贝类养殖产业获得了长足发展。如前所述，我国滩涂贝类养殖，主要养殖模式为滩涂底播养殖(包括滩涂底播护养和围塘精养等形式)。这一养殖模式较为粗放，器材和人工的投入小，是适合我国国情的早期滩涂贝类养殖方式。该模式注重投苗量，对养殖容量、养殖密度、种类搭配等科学问题关注不够，优质种苗的使用率不高；偏重产出，忽视护滩整滩和养殖环境优化，病害问题多发。由于缺乏科学管理与可持续发展考虑，也为产业发展带来了诸多困扰。

国外滩涂贝类养殖过程中，对育苗和养殖技术的开发相当重视。日本、韩国、美国、法国等围绕贝类生理特征、生态属性、育苗采苗技术等开展了大量的研究工作，取得了许多具有现实意义的研究成果。美国和日本后来开发了“上升流式苗床”中间培育技术，取得了良好的效果；美国和加拿大学者利用围栏、托盘、底袋等方法在潮间带进行硬壳蛤稚贝中间培育，提高了苗种的成活率。发达国家在浅海滩涂开发利用研究中，十分重视环境效益和生态效益，保持清洁生产和可持续发展已成为国际上的主要发展趋势。日本贝类养殖中充分考虑了养殖环境的容纳量，采取了合理的养殖密度和养殖量，达到了保持产量稳定、减少病害的效果。欧美国家在牡蛎和贻贝养殖中研究养殖容纳量，并根据水域的能量收支和个体营养需求，建立模型，并据此进行滩涂浅海开发。

与国外相比，我国在滩涂贝类养殖生产中，养殖业者科技意识亟待加强，与之相适应的新技术的研发和产业化推广也亟须加强。国外现有的滩涂贝类养殖模式在技术和理念上领先于我们，但国外贝类养殖规模一般较小，投入较高，并不适合于我国滩涂贝类的大规模养殖方式，应用上受到一定的限制。因此，借鉴国外先进技术，在滩涂贝类养殖领域研发适合我国产业发展的健康养殖模式，形成有中国特色和自由知识产权的滩涂贝类增养殖技术，才能促进我国滩涂贝类增养殖的健康和可持续发展。

滩涂养殖的藻类主要为食用的紫菜，由于滩涂环境对近岸环境依赖程度极大，且缺乏海域水体大规模交换运输能力，因此，近年来在紫菜等藻类食品安全领域存在着多例不良报道。由于藻类天然富集和积累二价金属离子的生物学特性，因此，日本等主要海藻食品进口国并不将重金属作为检测指标。但藻类可以作为海域污染状况的反映指标，需要进一步开展滩涂海域环境质量与食品安全方面的研究。

2.基于生态系统管理的浅海养殖技术与管理策略亟待深入

我国的浅海贝类养殖一直稳居世界领先地位，而扇贝是我国海水贝类养殖业中最重要的养殖对象，可以说，扇贝养殖业的兴衰代表着我国浅海养殖业的兴衰。20 世纪 70 年代贻贝养殖的规模化发展，标志着我国浅海贝类养殖业的真正崛起。80 年代中国科学院海洋研究所成功地引进了海湾扇贝，有力地推动了我国扇贝养殖业的发展。随着基础生物学研究，特别是生理生态学研究的进展，逐步使贝类养殖业进入一个科学理论指导的新时代，从而在养殖种类开发利用、苗种生产、养殖技术、种苗培育、病害防治等方面都有了长足的进步。到目前为止，栉孔扇贝、华贵栉孔扇贝、海湾扇贝、虾夷扇贝、贻贝、长牡蛎等是我国浅海养殖的主要种类。

与国外相比，我国浅海养殖密度和规模盲目增加，超负荷养殖使得饵料成为贝类生长的限制因子，养殖贝类生长速度减缓，由于摄食不足，贝类瘦弱，对环境的抗性差，死亡率激增，产量和品质下降。例如，栉孔扇贝、海湾扇贝、虾夷扇贝、皱纹盘鲍等大规模死亡现象日趋严重。并且随着养殖面积的增加，养殖产量并未相应的增加，甚至出现降低的趋势。浅海水域污染，环境条件恶劣，缺氧严重，有害赤潮发生频率和范围扩大。浅海养殖面临的主要问题有生物方面的，包括品种、病害、繁育和养殖技术等；也有工程科技方面的，主要涉及养殖模式与设施；还有管理方面的，主要包括养殖容量、生态容量以及生态系统水平的管理策略等。由此可见，必须进一步加强养殖生物基础、生理学、生态学研究，优化贝、藻、鱼、参等轮养或套养品种搭配，调整放养密度。同时，加强养殖容量、生态容量数值模型的研究，建立基于GIS、容量数值模型、环境质量标准的管理平台体系。

四、病害防治方面存在的问题

与国外相比，我国在病害防治方面存在很大的差距，主要面临以下几个问题。

1. 海水养殖规模、种类和模式差异较大，养殖种类病害多

我国进行规模化养殖的鱼类品种多、养殖区域跨度大、养殖环境和模式多样，病原不仅具有多样性，其发病流行规律复杂，而且近年来多病原同时暴发的情况呈现上升趋势，这些不仅增加了病原开发诊断检测技术的难度，也阻遏了研制有效的免疫防控制品的进度，因而从整体式增加了鱼类养殖病害防控的难度。

2. 病害防治技术基础研究薄弱

我国海水养殖业健康稳定和可持续发展仍依赖于病害防治研究与科技进步。我国在海水养殖鱼类病害的病原学、流行病学、病理学和免疫学等基础研究领域仍较薄弱，如疫病检测与诊断技术手段落后，实用化水平较低，对病原的致病机理和宿主的免疫防御系统研究缺乏深度和系统性，决定疫病暴发和流行的三个重要因素——病原、宿主和环境之间的关系还很不清晰。这些基础性研究的不足直接影响了有效的病害防控体系的建立。

就虾类养殖而言，我国尚缺乏优良亲体培育体系；苗种检疫仍存在较多的薄弱环节；检测诊断技术尚未在生产环节中得到充分应用；生产投入品的生产、销售、使用欠规范。总的来说，虾病防治研究与迅速发展的养虾业的要求仍有很大距离。

目前国内有关贝类病害的研究还处于初级阶段，养殖贝类微

生物性疾病流行面积广、致病原因复杂、影响因素众多，而对其防控的研究工作无论从广度和深度上都明显欠缺，远不能满足产业发展对支撑技术的需求，有全国大规模暴发的潜在威胁。同时对开放式海区进行养殖国内外关于海洋养殖贝类病害的研究文献较多，但对病害防治的研究报道极少。

相对于日本而言，我国近十年来在经济海藻病原学研究体系差距极为明显；我国海藻病害研究同比海洋动物病害防治研究差距极其显著，病害研究工作几乎停滞不前，仍保持在 20 世纪 90 年代的水平；我国重要鱼害与虫害防治技术方面缺乏有益的尝试和探索。

3. 对病害的防治过度地依赖药物

目前，我国海水鱼类病害防控总体上仍处在低水平、盲目无序的状态，根本原因在于疾病快速诊断能力匮乏；防治观念轻预防重治疗；防治手段单一，主要依赖化学药物；渔药研发能力薄弱，生产中主要以人药、兽药代替，药理药效不明，使得用药无的放矢，用药不当现象普遍存在。这些现状导致了以抗生素等化学药剂的滥用，造成了药物残留、环境污染、食品安全等诸多问题。抗生素滥用还导致了病原耐药性增加，这反过来又迫使养殖业者增加药物使用剂量，形成了恶性循环；更为严重的是，某些细菌病原的耐药质粒可能会传递给人类病原菌，而有些海水鱼类病原菌，如迟缓爱德华氏菌、副溶血弧菌、创伤弧菌等，同时也是人类致病菌，这些耐药细菌对人类健康构成了潜在威胁。

4. 海水鱼类疫苗等生物制品的产业化程度低

我国水产疫苗的研究较晚，尽管近年来取得了长足的进步，但大多停留在实验室研究阶段，在应用推广方面与发达国家存在着较大差距，目前尚没有获得生产批文的海水鱼类疫苗，仅有一种鳗弧菌/迟缓爱德华氏菌/溶藻弧菌多联抗独特型抗体疫苗获得国家新兽药证书。虽然我国水产疫苗的管理、质量标准和审批程序一直沿用兽医疫苗的管理措施、质量标准和审批程序，与水产养殖病害的现状和疫苗产品研究的技术水平脱离，但阻遏疫苗产业化的主要因素是国内水产疫苗的关键科学技术问题上的研究深度和系统性不够，如疫苗的实际保护效应和疫苗的导入方式迫切需要有新的突破。在挪威等鱼类疫苗应用较为成熟的国家，商品化的海水鱼类疫苗已达数十种并且得到了广泛应用。

五、养殖机械化、数字化方面存在的问题

我国海水养殖虽然取得了令人瞩目的成绩，但目前仍处于开放式、粗放型养殖阶段，养殖的设施化程度还很低，尤其在养殖机械化、信息化方面的产业发展水平还不高。落后的养殖生产条件制约了海水养殖业的可持续发展，也给海洋环境带来了压力。以海水虾类养殖为例，目前多数地区依然采取“广养薄收”养虾模式，虽然养殖成本不高，但养殖产量和效益较低。一些地区采取“进水渠＋养殖池塘＋排水沟”的海水池塘养殖方式，虽然配置一定的增氧、投饲等设备，但由于盲目追求产量，养殖效果也不好。一些地方采取大棚养殖方式，虽然使养殖环境有了一定的可控性，养殖的机械化、数字化设施设备有所应用，但由于投资、生产成本和运行管理要求较高等原因，这种生产方式的推广范围还很小。从全国的海水养殖来看，无论是近海的筏式养殖、网箱养殖、滩涂池塘养殖等的设施化程度都严重滞后，传统开放、粗放的海水养殖方式，给海洋环境保护带来了很大的压力。据调查，我国黄渤海沿岸海水养殖的污水年排放量达 119.8 亿立方米，其中含氮 6 010 吨、磷 924 吨、COD 29 016 吨。2007 年，仅辽宁一省池塘养殖排污就达到总氮1 546.23吨，总磷 123.31 吨，COD 11 102.91 吨，铜 717.03 千克、锌5 266.87千克，这些养殖污染不仅造成自身养殖品质下降，引发养殖生物疾病，影响生长和生产效益，还会引起更严重的海洋环境问题。

在数字化技术应用和设备研发上，目前我们在养殖方面的技术水平也较低，如水质传感器等高精器件几乎依赖进口；在软件方面，如智能控制软件、专家管理软件等也还处于探索阶段。

总而言之，我国海水养殖业在产量和规模上取得了举世瞩目的成就，然而，在自然资源、环境、人口以及生物技术、海洋工程、物流运输等多重压力下，海水养殖的规模经济发展仍然面临严峻而复杂的挑战。

第六章　我国海水养殖业规模效率的实证分析

第一节　我国海水养殖业规模效率评价的模型构建

一、DEA 方法的基本原理

DEA 方法是由美国著名运筹学家 Charne，Coope 和 Rhoder 提出的一种效率测度方法，被世人称为 CCR 模型。CCR 模型利用数学规划原理，在规模报酬不变的假设前提下，运用多组投入产出数据来衡量效率，但这种假设条件一般不符合现实情况。为了解决这一局限性，Banker，Charnes 和 Cooper 于 1954 年在 CCR 模型的基础上，经过反复研究、论证，提出了相应的修正模型，把规模报酬不变 CCR 模型修正为规模可变的 BCC 模型，将 CCR 模型的技术效率分解为规模效率和纯技术效率，并将三者之间的关系用公式确定，指出技术效率等于规模效率与纯技术效率的乘积。在此基础上，BCC 模型认为导致技术无效率的原因有两方面，一方面是未处于最佳规模而导致的低效率，即规模低效率；另一方面是生产技术的低水平导致的低效率，即纯技术效率低。因此，CCR 模型的技术效率分析能够更准确地衡量所考察对象的经营管理效率。图 6-1 所示直观表达了技术效率、纯技术效率及规模效率三者之间的关系。

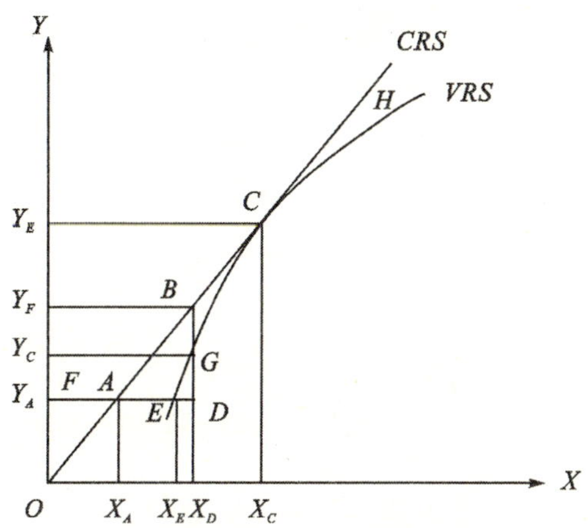

图 6-1　BCC 模型效率分析

1. 技术效率

点 O、A、B、C 为规模报酬不变的情况下的生产可能性曲线，投入导向的 A、D 有相同产出量 Y_A，但 D 点的投入量 X_D 大于生产可能集合上 A 点的投入量 X_A，所以 D 点是无效率的，其技术效率为 $X_A/X_D=FA/FD$。

2. 纯技术效率

点 E、G、C、H 为规模报酬变动情况下的生产可能性曲线。投入导向的 D、E 有相同的产出量 Y_A，但 D 点的投入量 X_D 大于生产可能集上 E 点的投入量 X_E，所以 D 点是无效率的，其技术效率 $X_E/X_D=FE/FD$，该值为 BCC 模型的纯技术效率，即在特定的产出下位于生产可能性边界上的投入与实际投入的比值。

3. 规模效率

在 D 点技术效率与纯技术效率的基础上，可以得到其规模效率。D 点的规模效率为 $(XA/XD)/(XE/XD)=(FA/FD)/(FE/FD)$，从而得到规模效率 $=X_A/X_E=FA/FE$，从图 6-1 可以看到，C 点在固定规模报酬下具有技术效率；在可变规模报酬下既具有技术效率又具有规模效率。

实质上，决策单元的规模效率＝CCR模型的技术效率/BCC模型的纯技术效率。

了解技术效率、纯技术效率与规模效率之间的关系后，就可以在CCR模型基础上可得到如下的BCC模型：

$$\max h_{j0} = \frac{\sum_{r=1}^{s} U_r Y_{rj0}}{\sum_{i=1}^{m} V_i X_{ij} + V_{j0}}$$

$$\text{st.} \frac{\sum_{r=1}^{s} U_r Y_{rj0}}{\sum_{i=1}^{m} V_i X_{ij} + V_{j0}} \leqslant 1$$

（1）投入导向的BCC模型：

$$\max h_{j0} = \sum_{r=1}^{s} U_r Y_{rj0} - V_{j0}$$

$$\text{s. t.} \sum_{r=1}^{m} V_i X_{ij0} = 1$$

$$\sum_{r=1}^{s} U_r Y_{rj0} - \sum_{r=1}^{m} V_i X_{ij0} - V_{j0} \leqslant 0$$

$$U_r \geqslant \varepsilon > 0, V_i \geqslant \varepsilon > 0; r = 1,2,\cdots,m; j = 1,2,\cdots,n$$

其中，V_{j0}代表规模报酬指标，因此，由V_{j0}可判断各决策单元的规模报酬属于哪个阶段：

$V_{j0} < 0$时，该决策单元处于规模报酬递增；

$V_{j0} = 0$时，该决策单元处于规模报酬不变；

$V_{j0} > 0$时，该决策单元处于规模报酬递减。

以上对偶形式如下：

$$\min h_{j0} = \theta_0 X_{ij0}$$

$$\text{s. t.} \sum_{j=1}^{n} \lambda_j X_{rj} \leqslant \theta_0 X_{ij0}$$

$$\sum_{j=1}^{n} \lambda_j X_{rj} \geqslant Y_{rj0}$$

$$\sum_{j=1}^{n}\lambda_j = 1$$

$$\lambda_j \geqslant 0; r = 1,2,\cdots,m; j = 1,2,\cdots,n$$

(2)产出导向的 BCC 模型：

$$\min z_{j0} = \sum_{i=1}^{m} V_i X_{ij} + V_{j0}$$

$$\text{s. t.} \sum_{r=1}^{s} U_r Y_{ij0} = 1$$

$$\sum_{r=1}^{s} U_r Y_{rj0} - \sum_{r=1}^{m} V_i X_{ij0} - V_{j0} \leqslant 0$$

$$U_r \geqslant 0, V_i \geqslant 0; r = 1,2,\cdots,m; j = 1,2,\cdots,n$$

其中，V_{j0} 代表规模报酬指标，因此，由 V_{j0} 可判断决策单元的规模报酬属于哪个阶段：

$V_{j0}<0$ 时，该决策单元处于规模报酬递增；

$V_{j0}=0$ 时，该决策单元处于规模报酬不变；

$V_{j0}>0$ 时，该决策单元处于规模报酬递减。

其对偶形式如下：

$$\max z_{j0} = \Phi_0$$

$$\text{s. t.} \sum_{j=1}^{n}\lambda_j X_{rj} \leqslant X_{ij0}$$

$$\sum_{j=1}^{n}\lambda_j X_{rj} \geqslant \Phi_0 Y_{rj0}$$

$$\sum_{j=1}^{n}\lambda_j = 1$$

$$\lambda_j \geqslant 0; r = 1,2,\cdots,m; j = 1,2,\cdots,n$$

二、海水养殖业规模效率评价的模型构建

笔者首先运用 DEA 方法衡量海水养殖业投入要素的总体纯技术效率和规模效率，然后通过计量结果中得到的海水养殖业目标投入（潜在投入）与目标产出（潜在产出）进一步测度海水养殖业

的规模效率。

从前面对DEA方法中的CCR和BCC两个模型的介绍可知，CCR模型假设在规模报酬不变，决策单元处于最优生产规模的情况；BCC模型则是用来衡量决策单元在规模可变情况下的效率。面对海水养殖业巨大的市场需求以及海水养殖技术的提高，海水养殖业进行规模经营既具有可能性也具有现实性。因此，规模报酬可变的BCC模型比较符合海水养殖业中长期发展的实际状况。另外，BCC模型将技术效率分解为纯技术效率与规模效率，可直接用来评价海水养殖业全要素的整体规模效率。本研究在测度海水养殖规模效率过程中采用投入法。

虽然BCC模型适合评价海水养殖业的规模效率，但该模型在于规模效率测度存在着一个天然的缺陷，即对于规模无效的海水养殖业规模效率不能由该效率值直接看出总体规模是处于规模报酬递增阶段还是处于规模报酬递减阶段，这就降低了对海水养殖规模效率的分析力度。1996年，Coeili提出可以通过另外求解一个规模报酬非增(以下简称为NIRS)的DEA模型来判断被考察的决策单元规模处于哪个区域，得到如下模型。

投入导向：

$$\min h_{j0} = \theta_0$$

$$\sum_{j=1}^{n} \lambda_j X_{ij} \leqslant \theta_0 X_{ij0}$$

$$\sum_{j=1}^{n} \lambda_j X_{rj} \geqslant Y_{rj0}$$

$$\sum_{j=1}^{n} \lambda_j \leqslant 1$$

其中，$\lambda_j \geqslant 0; r=1,2,\cdots,s; i=1,2,\cdots,m; j=1,2,\cdots,n$。

通过比较NIRS条件下的技术效率TENIRS与TEVRS模型的技术效率TEVRS值，可判断被评价的非效率海水养殖业户处于规模报酬的哪个阶段。当TENIRS>TEVRS时，表明被评价的海水养殖农户处于规模报酬上升阶段，规模过小导致规模无效，在这种情况下扩大规模即可提高经营效率；当 TENIRS<TEVRS 时，表明被评价的海水养殖农户处于规模报酬递减阶段，家庭经营规模偏大反而带来规模无效，在这种情况下，可以通过缩小规模来提高经营效率。

以上对海水养殖规模效率评价是对海水养殖生产经营的纯技术效率和总体规模效率的评价，还不能够直接得出海水养殖的经营规模效率。根据海水养殖规模效率的定义可构建如下模型。

投入导向下的海水养殖规模效率：

$$SSE_i=\frac{ASI_i-LSI_i}{ASI_i}=1-\frac{LSI_i}{ASI_i}=\frac{TSI_i}{ASI_i}$$

其中，i 表示第 i 个海水养殖省份，SSE(Sea Seale Effieieney)为海水养殖规模效率。

对于投入导向下的 SSE 而言，ASI(Actual Sea Input)为海水养殖实际投入规模，LSI(Loss Sea Input)为海水养殖投入损失的规模，TSI(Target Sea Input)为海水养殖投入的目标规模，即在当前的生产技术水平下，海水养殖为实现一定的产出所需要的最优(最小)的海水养殖规模。从该模型可以看到 ASI－LSI 即为海水养殖效率最优的规模 TLI。当海水养殖规模不存在效率损失时 LSI＝0，此时的海水养殖实际规模就是效率最优规模；当 LSI>0 时，海水养殖的实际规模存在效率损失，即实际规模大于效率最优规模。

海水养殖业规模效率是一个不大于 1 的正数。笔者所测度的海水养殖规模效率最优不仅仅指海水养殖规模这一个效率的最优，而是在海水养殖规模效率最优的同时还要满足纯技术效率和总体规模效率都达到最佳效果。

值得注意的是，当海水养殖业规模处于非效率时，为了使其达到有效，并不意味着仅仅调整海水养殖规模某一生产要素，海水养殖规模的非效率也有可能是其他要素投入比例不当造成的。因此，实现海水养殖规模有效，除了海水养殖规模调整外往往还要伴随着其他生产要素投入的调整。因此，笔者在给出非效率海水养殖规模调整方向与数量的同时，相应地给出其他投入要素的调整方向与调整空间。

第二节　海水养殖业经营规模效率评价指标体系

一、指标体系构建的原则

评价海水养殖经营规模效率，既要保证海水养殖业发展的多功能的目标，又要保证海水养殖业的生产者、经营者的经营利润的不断增长和产业的可持续发展。因此，海水养殖规模效率评价指标体系的选择既要符合海水养殖规模效率的自然属性，又要考虑海水养殖业规模效率的经济属性与社会属性。具体而言，海水养殖业经营规模效率指标体系的选择应遵守以下基本原则。

1.海洋生物资源永续利用原则

养殖水域对于海水养殖业户而言是一种特殊的生产资料，海水养殖生产在一定程度上限定了其用途，而且海水产品作为海水养殖面积密集型产品，海域的稀缺性要求必须不断提高海水单位养殖面积的生产效率和利用率。众所周知，随着陆地资源的短缺，海域的市场价值越来越高，相对于其他海洋产业，海水养殖业的收益水平比较低，海水养殖面积面临日趋减少的压力，上海海水养殖面积为零，就是一个典型的案例。随着海水产品国际、国内需求量的日趋加大，提高海水养殖面积的单位产量，即发展规模经济，就成为必然要求。这些资源不但包括海域资源、生物资源、环境资源、人力资源，而且也涵盖货币、技术等资源，海水养殖规模效率评价指标体系应该也必须以该目标为构建的宗旨。当然从数据可获得方面考虑，一些要素暂时忽略。因此，本研究所建立的评价指标体系是建立在全要素生产效率衡量基础上的海水养殖规模效率评价。

2. 市场机制发挥主导性作用原则

海水养殖业规模效率评价指标体系不能违背市场经济发展的基本规律。该规律要求市场机制在资源配置方面发挥主导性调节作用，提高海水养殖业规模效益，促进海水养殖业的现代化。海水养殖规模效率评价指标体系应满足社会主义市场经济发展要求，并符合其运行机制。资源稀缺和经济效益问题是任何行业、产业发展都必须解决的两大问题，海水养殖业也不能例外，这就要求海水养殖业运用竞争机制、价格机制、供求机制等市场机制进行调节，在实现经济效益的同时，实现可持续发展，完善的市场机制可以发挥规范生产经营者的作用。海水养殖业规模效率评价指标体系只有与这些机制结合才能真正反映市场对资源的配置效率，从而实现资源的有效配置以及海水养殖总供求的基本平衡。

3. 遵循世贸组织的相关规则原则

加入世贸组织后，我国海产品贸易同样要按国际规则进行，其成本核算目标已经不仅仅控制在国内市场价格之下，更要控制在国际市场价格之下。以往不计成本不搞核算或仅仅在本国市场范围内进行成本收益核算的做法很难与农业国际化接轨，这也与当前经济全球化大趋势相悖。另外，众多专家学者认为“入世”在给我国进入国际市场带来便利的同时，也会给国内的许多行业带来巨大的冲击，其中最为严重的就是农业。海水养殖规模效率评价指标体系的建立，不仅要遵循社会主义市场经济发展的基本规律，同时还要与海洋经济国际化、经济全球化大环境相接轨，这样才能促使海水养殖生产出高产、优质、高效的海产品，从而进一步提高我国海洋经济的国际竞争力和渔民的生产经营管理水平。

二、海水养殖业规模效率评价指标体系的构建

根据上面对建立海水养殖规模效率评价指标体系目的与原则的分析，以及所选取的DEA效率评价方法，笔者建立如下指标体系（表6-1）。

表6-1　海水养殖业规模效率评价指标体系

效率评价	产出指标	投入指标	
规模效率 纯技术效率 总体效率	海水养殖增加值	直接投入	鱼苗、肥料、渔船等
		间接投入	固定资产折旧、税金
		劳动投入	海水养殖用工
		海域投入	海水养殖面积

从表6-1可以看到，这里的效率指标不仅包括海水养殖规模效率自身，同时包括了全要素纯技术效率和总体效率。原因在于，评价海水养殖业的规模效率必须同时考虑到总体规模效率的变化状况以及其他生产要素效率的变化状况。纯技术效率反映的是在当前生产力水平下，包括养殖水域在内的所有投入要素在海水养殖业发展过程中是否充分发挥了其潜在的生产能力。而总体效率则反映的是农户海水养殖生产中包括海水养殖水域在内的所有要素投入规模是否达到总体收益最大化所要求的规模。海水养殖规模效率是在这两个效率的基础上，评价海域规模效率的。

在产出指标中，由于海水养殖种类繁多，这里采用海水养殖增加值作为产出项对海水养殖规模效率进行评价。在市场经济条件下其更加关注的是海水养殖的增加值的数量，因此用海水养殖业的增加值来反映海水养殖生产的目标比较现实。

投入指标主要包括直接投入、间接投入、劳动投入、海域投入，这几个指标囊括了海水养殖生产中的所有投入。直接投入是指在海水养殖生产过程中发生的，可以直接计入其成本中的投入（不包

括劳动和海水养殖面积投入)，包括鱼苗、渔船作业等。直接投入是从事海水养殖生产经营投入重要的组成部分，其占了海水养殖生产每年绝大部分的现金支出。因此，直接投入的多少在很大程度上决定了当年海水养殖的生产成本。间接投入是指与海水养殖生产过程有关、但需要分摊才能计入其成本的费用，包括固定资产折旧、税金、保险费、管理费、财务费、销售费。劳动投入是指当年从事海水养殖生产经营的实际用工。海域投入是指当年海水养殖面积，反映海水养殖的经营规模。

DEA 模型要求投入和产出变量都为正向变量，同时要正相关。因此，要在采用 DEA 模型分析海水养殖规模效率之前，运用软件 stata12.0 对种海水养殖增加值与各个投入的相关性进行分析。表 6-2 说明，海水养殖增加值与直接投入、间接投入、劳动投入以及海水养殖投入相关性均比较高，而且均在 1%的水平下显著，尤其是海水养殖面积的相关性最高，相关系数达到 0.703，这充分表明海水养殖规模在很大程度上决定着海水养殖增加值，从而 DEA 模型是合理的。

表 6-2　海水养殖投入产出指标相关性分析

	var_1	var_2	var_3	var_4	var_5	var_6	var_7
var_1	1						
var_2	0.703***	1					
var_3	0.357***	−0.0810	1				
var_4	0.763***	0.568***	0.670***	1			
var_5	0.637***	0.673***	0.279***	0.742***	1		
var_6	0.740***	0.579***	0.493***	0.883***	0.827***	1	
var_7	0.690***	0.433***	0.722***	0.841***	0.454***	0.656***	1

注：*** 表示 1%显著水平；var_1、var_2、var_3、var_4、var_5、var_6、var_7 分别表示各地区海水养殖增加值、海水养殖面积、海水鱼苗、海水养殖渔船数、海水养殖渔船吨位数、海水养殖渔船千瓦数与海水养殖专业从业人员数。

第三节　基于DEA方法的海水养殖业规模效率实证研究

一、数据处理与说明

本书对海水养殖规模效率的研究主要以沿海省份海水养殖生产投入产出数据为基础，但是由于天津、上海等省份的数据不完整，因此选择剔除，使得结果更具有可比性。本书选择河北、辽宁、江苏、浙江、福建、山东、广东、广西、海南9个沿海省份2003～2012年的数据作为研究样本，对海水养殖规模效率进行评价。

二、不同规模海水养殖业规模效率实证分析

采用Coelh小组开发的专用软件DEAP2.1来计量海水养殖生产的总效率、纯技术效率和规模效率。具体计算结果见表6-3。

表6-3　2003～2012年各省份效率值

年份	效率类型	河北	辽宁	江苏	浙江	福建	山东	广东	广西	海南
2003	总效率	0.710	0.822	1.000	1.000	0.934	0.902	0.802	1.000	1.000
	技术效率	1.000	1.000	1.000	1.000	1.000	1.000	1.000	1.000	1.000
	规模效率	0.710	0.822	1.000	1.000	0.934	0.902	0.802	1.000	1.000
	规模报酬	irs	drs	—	—	drs	drs	drs	—	—
2004	总效率	0.963	0.981	1.000	1.000	0.784	0.953	0.856	1.000	1.000
	技术效率	1.000	1.000	1.000	1.000	1.000	1.000	1.000	1.000	1.000
	规模效率	0.963	0.981	1.000	1.000	0.784	0.953	0.856	1.000	1.000
	规模报酬	irs	drs	—	—	drs	drs	drs	—	—

（续表）

年份	效率类型	河北	辽宁	江苏	浙江	福建	山东	广东	广西	海南
2005	总效率	0.665	1.000	1.000	0.928	0.710	1.000	0.672	1.000	1.000
	技术效率	0.897	1.000	1.000	1.000	1.000	1.000	0.794	1.000	1.000
	规模效率	0.742	1.000	1.000	0.928	0.710	1.000	0.846	1.000	1.000
	规模报酬	irs	—	—	drs	drs	—	irs	—	—
2006	总效率	0.802	1.000	1.000	1.000	0.672	1.000	0.855	1.000	1.000
	技术效率	1.000	1.000	1.000	1.000	1.000	1.000	1.000	1.000	1.000
	规模效率	0.802	1.000	1.000	1.000	0.672	1.000	0.855	1.000	1.000
	规模报酬	irs	—	—	—	drs	—	drs	—	—
2007	总效率	0.925	1.000	1.000	1.000	0.613	1.000	0.586	1.000	1.000
	技术效率	1.000	1.000	1.000	1.000	0.672	1.000	1.000	1.000	1.000
	规模效率	0.925	1.000	1.000	1.000	0.911	1.000	0.586	1.000	1.000
	规模报酬	irs	—	—	—	drs	—	irs	—	—
2008	总效率	0.494	0.913	1.000	0.821	0.807	1.000	0.523	1.000	1.000
	技术效率	1.000	1.000	1.000	0.834	1.000	1.000	0.778	1.000	1.000
	规模效率	0.494	0.913	1.000	0.985	0.807	1.000	0.673	1.000	1.000
	规模报酬	irs	drs	—	irs	drs	—	drs	—	—
2009	总效率	0.617	0.918	1.000	0.710	0.766	1.000	0.452	1.000	1.000
	技术效率	1.000	1.000	1.000	0.728	1.000	1.000	0.577	1.000	1.000
	规模效率	0.617	0.918	1.000	0.976	0.766	1.000	0.784	1.000	1.000
	规模报酬	irs	drs	—	irs	drs	—	drs	—	—
2010	总效率	0.771	1.000	0.912	0.846	0.776	1.000	0.453	1.000	1.000
	技术效率	1.000	1.000	0.981	0.847	1.000	1.000	0.535	1.000	1.000
	规模效率	0.771	1.000	0.930	0.999	0.776	1.000	0.848	1.000	1.000
	规模报酬	irs	—	irs	irs	drs	—	drs	—	—

（续表）

年份	效率类型	河北	辽宁	江苏	浙江	福建	山东	广东	广西	海南
2011	总效率	0.546	1.000	0.838	1.000	0.781	1.000	0.515	1.000	1.000
	技术效率	1.000	1.000	0.996	1.000	1.000	1.000	0.595	1.000	1.000
	规模效率	0.546	1.000	0.841	1.000	0.781	1.000	0.865	1.000	1.000
	规模报酬	irs	—	irs	—	drs	—	drs	—	—
2012	总效率	0.588	1.000	0.920	1.000	0.769	1.000	0.637	1.000	1.000
	技术效率	1.000	1.000	1.000	1.000	1.000	1.000	0.776	1.000	1.000
	规模效率	0.588	1.000	0.920	1.000	0.769	1.000	0.821	1.000	1.000
	规模报酬	irs	—	irs	—	drs	—	drs	—	—

注：irs 表示处于规模报酬递增阶段，drs 表示处于规模报酬递减阶段。

从表 6-3 基于投入导向的海水养殖规模效率计算结果来看，多数省份处于效率有效阶段，如要分析不同规模的效率值我们需要分析效率与规模之间的关系。本书按照海水养殖面积对其生产规模进行划分，作出海水养殖面积与不同效率值之间的散点图。

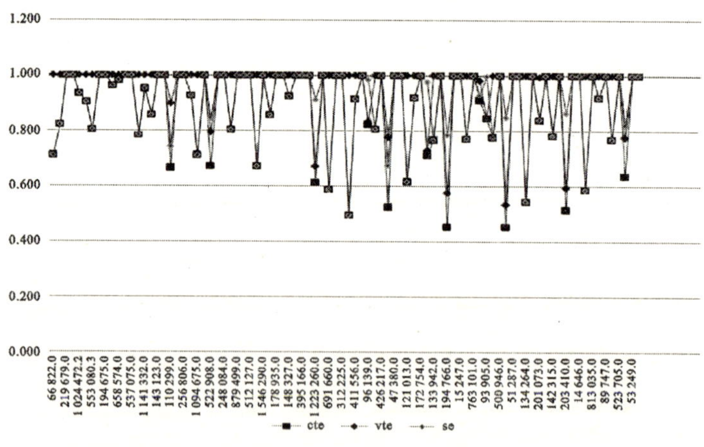

图 6-2　海水养殖效率随养殖规模变动图

从图 6-2 可以看出规模效率是影响总效率的主要因素，而各省份的纯技术效率则大体相当，大多达到了有效水平，基本保持在 1 的水平上。而规模效率对总效率影响较大，说明调整养殖规模是提高海水养殖总体效率水平的最重要方式。

图 6-3 为各省份年均海水养殖效率随养殖规模变动图，从图中可以看出，海水养殖效率随养殖规模的增长而有所改善，这表明为了改善规模效率与总效率，应当逐步提高海水养殖规模，形成规模化养殖，提升效率与收益。

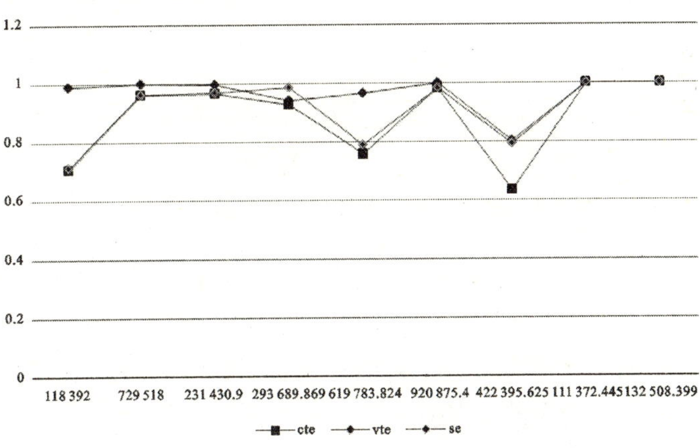

图 6-3　各省份年均海水养殖效率随养殖规模变动图

三、海水养殖业效率最优规模的确定

为了确定海水养殖的最优规模，需要对其效率值进行进一步分析，由于年度跨度上，技术水平会发生变化，因此本书以 2012 年为例，在生产力水平既定的情况下，对海水养殖最适规模进行分析，见图 6-4。

如前所述，辽宁、山东、浙江、广西和海南 5 个省份的海水养殖规模效率、总体纯技术效率和规模效率均达到了最优，也就是说在基于纯技术效率和规模效率最优基础上的海水养殖规模效率最优解并不唯一。因此，为了确定一个效率最优的规模区域，本书将对5个省份的绝对效率予以进一步的比较。

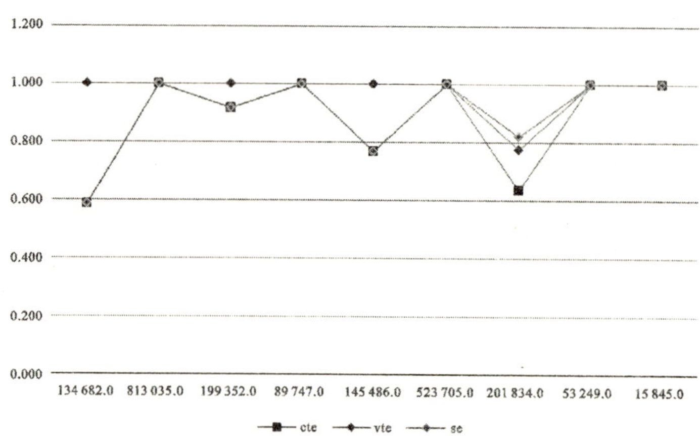

图 6-4 2012 年海水养殖效率随养殖规模变动

从 2012 年海水养殖规模效率来看，效率值随养殖规模变化呈现出“两头大，中间小”的 U 形趋势，这表明小规模与大规模农户的海水养殖的生产潜力得到了有效的发挥，而中等规模农户的海水养殖规模存在较大的效率损失。在海水养殖规模化发展的要求之下，我们需要对 5 个省份进行比较，分析优劣。

表 6-4 2012 年各省份海水养殖单位面积增加值

地区	单位面积增加值(%)
天津	6.53
河北	2.91
辽宁	4.02
江苏	3.13
浙江	9.16
福建	16.77
山东	7.64

（续表）

地区	单位面积增加值(%)
广东	6.14
广西	14.80
海南	30.62

比较2012年9个省份的单位面积增加值，在海水养殖面积小于30万公顷的小规模养殖省份中，浙江、广西与海南的效率为1，但是，海南的单位面积增加值最高，因此在不需要增加规模的情况下，海南的规模更加合理，其他小规模的海水养殖省份应当改善自身的生产、管理等技术。而在较大规模（海水养殖面积大于30万公顷）的省份中，辽宁与山东两个省份的效率值为1，山东的单位面积增加值相对较高，同时可以看出随着海水养殖面积的增长，其单位产出呈现下降趋势，因此山东在较大规模的海水养殖省份中表现优异，是最为合适的生产规模。

采用相同的分析方法可以确定出各年的最优规模省份，2003～2012年最优规模省份如表6-5所示。

表6-5　2003～2012年海水养殖最优规模省份

年份	规模分类	地区	crste	vrste	scale	养殖面积（万公顷）	单位增加值
2003	大规模	—	—	—	—	—	—
2004	大规模	—	—	—	—	—	—
2005	大规模	山东	1.000	1.000	1.000	40.7	3.38
2006	大规模	山东	1.000	1.000	1.000	42.0	3.67
2007	大规模	山东	1.000	1.000	1.000	37.6	4.64
2008	大规模	山东	1.000	1.000	1.000	42.6	5.68
2009	大规模	山东	1.000	1.000	1.000	44.1	6.20

（续表）

年份	规模分类	地区	crste	vrste	scale	养殖面积（万公顷）	单位增加值
2010	大规模	山东	1.000	1.000	1.000	50.1	5.96
2011	大规模	山东	1.000	1.000	1.000	51.0	7.14
2012	大规模	山东	1.000	1.000	1.000	52.3	4.01
2003	小规模	海南	1.000	1.000	1.000	1.67	11.62
2004	小规模	海南	1.000	1.000	1.000	1.77	11.61
2005	小规模	海南	1.000	1.000	1.000	1.81	13.71
2006	小规模	海南	1.000	1.000	1.000	1.91	15.18
2007	小规模	海南	1.000	1.000	1.000	0.88	35.55
2008	小规模	海南	1.000	1.000	1.000	1.30	21.19
2009	小规模	海南	1.000	1.000	1.000	1.52	19.91
2010	小规模	海南	1.000	1.000	1.000	1.45	24.15
2011	小规模	海南	1.000	1.000	1.000	1.46	26.56
2012	小规模	海南	1.000	1.000	1.000	1.58	30.62

注：大规模指养殖面积在 30 万公顷之上，小规模指在 30 万公顷之下。

从表 6-5 中可以看出海南为小规模中单位面积增加值最多的省份，但从海水养殖面积来看，其一直保持这较低的生产规模，但是其单位面积产量保持在较高水平，技术效率与规模效率也达到最优。这一方面是由于海南的海水养殖技术一直处于较高水平，同时也选择了较为适合的小规模生产方式。

大规模海水养殖省份当中，山东一直保持着较高的单位面积产量，但是其单位面积产量要比低规模的省份小得多。而且较大规模中在 2003 年与 2004 年其生产效率都是不最优水平，这从一定程度上说明了小规模海水养殖要优于大规模海水养殖。同时在 10 万公顷左右的海水养殖面积省份当中，浙江的单位面积产量也较大，但是要小于海南和山东。

由于我国南北地区气候差异较大，从不同地理位置来分析，在南方，海南的效率和单位面积产量处于较高水平，而广西虽然大部分年份效率值也为 1，但是其单位面积产值只有 5 万元/公顷左右，比海南小得多。从北方情况来看，山东与浙江的效率与单位面积增加值都相对较高，处于较优规模，而辽宁的单位面积增加值较低。

第四节　海水养殖规模效率差异性原因分析

一、海水养殖规模效率差异性原因分析方法

要对海水养殖规模效率差异性原因进行分析，就要分析各投入变量对产出变量的影响大小，这可以通过建立生产函数模型来实现。本书以柯布道格拉斯生产函数为基础，通过 SFA 参数估计模型对海水养殖生产函数进行估计，并分析海水养殖规模效率差异性产生的原因。

参数法需要事先建构生产函数与成本函数的模型，并给出投入产出的函数关系，利用残差项估算海水养殖的效率值，对决策单元模型机理要求较高，主要有随机前沿法、自由分布法和厚前沿方法三种，其中随机前沿法应用最为广泛。

随机前沿法（SFA）是最早使用的一种分析方法。该方法认为，干扰项来自于随机误差以及技术的无效性，在进行技术效率的估测时，应该剔除随机误差的影响。理论上，若随机误差的期望值为零，则可以假设其服从期望为零的正态分布；但实际中技术无效性的期望一般不为零，于是可假设其服从期望不为零的正态分布。通过前面两点的假设，可以在误差项中分离出随机误差干扰项和技术无效项。本书采用随机前沿方法估计海水养殖的生产函数，并分析各因素对其影响的不同。

构建的模型如下：

$$\ln q_i = \beta x_i + v_i - \mu_i$$

式中，q_i 代表第 i 个省份的海水养殖产出取自然对数后的值；x_i 是包含投入对数的向量，分别为人员、鱼苗、海水养殖面积、海水养殖渔船投入取自然对数后的值；β 是待估参数的列向量；μ_i 是与技术无效率相关的非负随机变量；v_i 为观测误差及其他随机因素。技术效率可以用计算观测产出与相应的随机前沿产出的比值：

$$TE_i = \frac{q_i}{\exp(x_i'\beta + v_i)} = \frac{\exp(x_i'\beta + v_i - u_i)}{\exp(x_i'\beta + v_i)} = \exp(-u_i)$$

按照这种方法的技术效率取值为 0～1 之间。可以很明显看出，技术效率预测的第一步是估计随机前沿生产函数的参数。

二、海水养殖生产函数估计

采用 frontier4.1 对海水养殖生产函数进行估计，从估计参数中可以看出各因素对其产量影响的不同。估计结果如表 6-6 所示。由于渔船投入中三个指标具有很强的相关性，因此我们分别用三个模型进行估计。

表 6-6　海水养殖生产函数估计结果

变量	系数		
	模型 1	模型 2	模型 3
从业人员	0.745 922 4***	0.858 598 3***	0.888 063 9***
鱼苗	0.006 793*	0.007 597 3*	0.013 518 9*
海水养殖面积	0.039 493 7***	0.032 683 7***	0.045 592 4*
渔船艘数	0.537 438 4***	—	—
渔船吨数	—	0.396 357 5***	—
渔船千瓦数	—	—	0.281 462 9**

从模型估计结果中可以看出从业人员是海水养殖生产函数的

主要决定因素，这和目前我国海水养殖为劳动密集型产业的情况也是相符的。其次，渔船投资的海水养殖生产函数系数也较大，说明资本投入在海水养殖中起到了重要的作用。而海水养殖面积相对系数较小，这说明海水养殖在扩大经营规模时，带来的产出结果并不明显，也印证了前面对海水养殖规模效率的分析，小规模情况下其单位面积产量较高，生产效率、规模效率有效。鱼苗在生产函数中的系数较小，这说明鱼苗的投入带来的直接增加值增长是较小的，也从侧面反映出我海水养殖业生产技术水平不高，对海水鱼苗的利用率较低的状况。

三、实证结论

从上面的分析结果来看，海水养殖人员、海水养殖资本投入是海水养殖生产增加的主要原因。而目前我国海水养殖业的整体技术水平较低，没有发挥出鱼苗、海水养殖面积规模的效用，致使海水养殖规模效率不高。从经济学理论上来分析，当技术水平过低时，盲目增加人员、资本、基本生产资料的投入，会形成这些生产要素的边际报酬递减现象，造成生产的规模不经济。海水养殖技术水平过低是导致我国当前海水养殖规模差异的主要原因，因此应当从产业升级的角度入手，改善海水养殖规模效率。

同时研究发现小规模海水养殖具有较高的效率，且单位面积增加值较高。因此，我国不应盲目扩大海水养殖规模，应采用适当的养殖规模，着重提升海水养殖技术水平，提高资本、鱼苗、海水养殖面积规模的生产效率。从长远来说，应当实现海水养殖从劳动密集型向资本和技术密集型产业的转变，改善海水养殖的规模效率，实现规模经济，避免因养殖规模过度扩大而造成的资源浪费，甚至造成其他要素产生规模报酬递减现象。且生产效率低下的省份应当借鉴技术水平较高省份的发展经验，在技术水平发展到一定程度后，再扩大生产规模，实现规模经济。

第七章　我国海水养殖业提高规模经济效益的路径：工业化养殖

综上所述，现代海水养殖业发展不仅是一个引入先进技术的过程，也是一个生产技术要素优化配置、不断提升规模效率的过程。它不仅意味着运用现代化的工业技术装备改造传统海水养殖业，而且意味着海水养殖业的经营者与决策者需要与时俱进，及时转变管理理念，运用生态系统平衡的管理方法加强海水养殖业的管理。由此推理，海水养殖业发展规模经济，既涉及生产力的发展，也涉及生产关系的变革，既要夯实经济基础，也要改进和完善上层建筑。从而，发展现代海水养殖业是一项复杂的系统工程，需要从科技创新、组织和制度创新、人才的培养、政府职能的转变等几个方面稳步推进。在海水养殖业发展过程中，只有将科技创新与组织创新、制度创新较好地结合起来，才能推进海水养殖业的标准化、产业化、工厂化、机械化进程，提高中国海水产品的市场竞争力，促进现代渔业的发展。

第一节　海水养殖业发展规模经济的方向预测

一、装备工程化

健康养殖是未来海水养殖业发展的核心目标。这一目标要求建立以人为本、以产业的可持续发展为宗旨的养殖模式，节能减排型工厂化养殖、低碳高效型池塘养殖、清洁安全型滩涂养殖、多营养层次综合养殖生产体系等实现养殖和环境协调发展的生产模式，均以科技含量较高的机械化设施装备作为实现载体，而且这些设施装备随着海水养殖重心向深水区、外海区发展，更加需要良种工程、信息工程、疾病防控工程、循环系统工程、加工与质量安全工程、物流与营销工程等高新技术支撑。

二、技术现代化

海水养殖养殖资源的日趋紧张的现状表明，现代海水养殖业只有依靠内涵式的扩大再生产才能得到可持续发展，也就是说，只能依靠不断创新的科技技术，才能获得发展的动力。纵观我国海水养殖业发展的五次浪潮，每一次都离不开养殖技术的推进，可以说，没有科学技术，就没有海水养殖业的纵深发展。长远来看，我国现代海水养殖业的发展趋势可以概括为：池塘为基于多种类综合养殖的清洁养殖模式；网箱养殖为基于环境容量的环境友好型养殖模式；浅海筏式养殖为基于养殖容量的高效养殖模式；底播养殖为基于生态容量的可持续养殖模式。上述健康养殖模式均以高新技术作为支撑，如环境友好型多元生态养殖技术研究，不同养殖区多营养层次的综合养殖新模式探索，滩涂、浅海的生态养殖技术，海洋牧场生态工程和资源增殖技术，等等。另外，海水养殖业种质提高、病害防治、环境优化和产品质量提升，无不是以科学技术作为支撑的。因此，技术现代化无疑成为现代海水养殖业发展规模经济的必然趋势。

三、生产工厂化

从海水养殖业的发展现状来看，池塘养殖、工厂化养殖、网箱养殖在相当长的时间内是不可替代的。除池塘养殖外，其余养殖方式的工厂化程度较高。网箱养殖、工厂化养殖、筏式养殖生产整个过程基本上是全人工控制，如养殖生境可以人工调控，人工可以调控溶解氧、氨氮、固体悬浮物、pH 值、水温以及有害病菌等；生产过程也可以实现自动化、智能化控制，如饵料自动投喂、数字化的养殖专家系统等。

四、管理工业化

海水养殖业要实现规模经济，不仅需要从技术层面解决产前、产中、产后各阶段的高效运行问题，同时也需要从根本上解决生产、加工、销售等产业链关键节点的整体衔接问题。由于分散经营、养殖过程的不确定性与信息不对称性，必须通过创新管理方式来实现产业化运营、标准化生产所需要的运行环境。所以，实现管理工业化，必须提高中小养殖户经营市场的能力。

第二节　工业化养殖是发展规模经济的必然选择

一、工业化养殖的内涵

就海水养殖业而言，工业化过程不仅包括发展理念的变革，即产业组织、生产技术、管理制度等方面的创新，而且包括融资方式、专业分工、产业布局、产业整合等方面的突破。因此，这里所说的工业化不是一般意义上的工业部门的工业化，而是国民经济及其各部门的工业化，即工业主义渗透到经济、政治、文化、思想各个领域，并引起深刻变革的过程。海水养殖的工业化要求从育种、养殖过程到养殖品加工变成终端产品，再到产品消费的整个过程，全部要实行工业化，将育苗、养殖、加工直到销售全部纳入其中。因此，工业化养殖应该是集工程化、工厂化、设施化、标准化、规范化、机械化、信息化之大成的现代化养殖新模式。这一内涵符合海水养殖业发展规模经济对于装备工程化、技术现代化、生产工厂化和管理工业化的要求，所以成为当前我国促进海水养殖业产业升级的正确选择。

笔者认为工业化养殖应涵盖工厂化养殖、池塘养殖、筏式养殖、深水网箱养殖等所有的养殖模式。海水养殖业上述养殖模式，均是依托现代工业基础而建立起来的集约化养殖模式，一般都具有养殖环境可控、单位水体养殖密度高、养殖装备先进、产量高、养殖全过程采用机械化或自动化操作等特点。生产管理、产品收获、安全检测等容易控制，产品可以做到均衡上市，社会、经济和生态效益良好，国际上公认为是现代化海水养殖产业的发展方向。尤其对全封闭式或半封闭式的陆基工厂化养殖模式来说，更以工业化理念为指导，将育苗、养殖、加工、营销等系列生产工艺通盘纳入工业化管理流程之中，所以被称为一项典型的海水养殖工业。此类工厂化生产不受地域、岸带和气候条件的限制，整个系统可以配套、组装，按需搬迁至任何地方进行生产。

二、海水养殖业工业化发展的必要性

传统海水养殖业发展过程中，出于丰富城乡居民物质生活的需要，我们过多地强调如何将海水产品生产出来，满足供给，忽略了终端市场的开发。但现在如何提高海水产品质量与养殖者的纯收入成为现代海水养殖业关注的核心问题，这就需要考虑规模、成本、效益、价格等工业化领域需要关注的要素。因此，转变海水养殖业的发展方式，不仅需要以工业化的思路来谋划和促进海水养殖业内在要素的创新或者变革，还要为海水养殖业的工业化发展营造良好的外部环境，如专业化分工、标准化养殖、集约化生产、企业化经营管理、多元化融资，等等。从提高产业协调性方面来看，需要协调海水养殖业与关联产业间的利益关系，运用现代企业的管理理念，实施一体化、市场化、集约化经营，实现海水养殖、现代工业技术与科学经营管理方式的有机结合，从而实现经济效益、生态效益和社会效益的有机统一。因此，海水养殖业的工业化发展不仅是自身产业升级从而实现现代化的过程，也是与其关联产业的生产经营方式向规范化、规模化、社会化、专业化发展的过程。

工业化养殖对海水养殖业发展规模经济的推动作用具体表现在：符合世界范围内的水产业发展大潮流，有利于与国际市场接轨能够实现产业链中各个生产要素的优势整合，有效提高生产效益，提高水产养殖产业的社会产出；能够有效促进我国实现由水产大国到水产强国的转变；能够突破我国水产养殖业发展目前面临的“瓶颈”限制；能够充分发挥科技支撑对生产力的推动作用，实现先进技术的整合，有效提升产业效益；能够充分发挥我国陆基、海基等不同地区的资源生态优势，实现多种先进养殖模式的多元发展；养殖产业链的构建，将使水产养殖发展成为具有高技术含量、高附加值特色的新兴大产业，有效促进国民经济发展；能够在促进生产效益的同时有效兼顾生态效益、社会效益，有利于实现产业的可持续发展和循环型经济体系的建立。

三、我国海水养殖业工业化发展的基本思路

海水养殖业的工业化发展是一个优化配置发展要素、创新经营机制的过程，需要科技、政策、先进理念的支撑。

1. 以市场化理念引领海水养殖业工业化发展的全过程

从养殖者到产业管理者需要在思想意识中确立牢固的市场理念，以市场化理念贯穿海水养殖业发展的整个过程。坚持可持续发展的理念，正确看待水产养殖的生态服务价值，同时，在全球经济一体化的环境下，要坚持要素整合与成果共享、统筹兼顾、包容发展的理念。

由于水产养殖受自然、水文、气候等条件的限制，海水产品具有阶段性、季节性的特点，在一定程度上有可能出现销售困难的问

题。借鉴工业发展的经验，首先，完善市场体系的建设，形成布局合理、功能齐全、管理规范的水产品市场体系。第二，市场需要人来经营，因此，需要尽快培育精明能干的市场主体，培育和造就市场经营能力强的营销流通主体，注意转变养殖户思想观念，培养他们的风险意识和市场意识，增强法制观念，实行守信诚信经营。第三，充分发挥各级政府在信息上的优势，设立水产品供求信息网（或服务平台），加强市场信息服务，建立信息收集、整理和发布制度，努力为养殖户牵线搭桥，并做好引导、服务和监督工作，提高养殖业户的综合分析能力和预测预警能力。第四，建立和完善水产品流通体系，使更多的水产品成规模、有组织地进入国内外市场。大力发展水产品连锁超市、配送经营、网上采购等现代交易方式和市场营销形式，提高水产品流通加工附加值。为此，政府应逐步建立和完善海水产品交易信息网络平台，尽量及时把全面而准确的市场信息提供给生产经营者，为海水产品的良性循环和广泛流通做好引导与服务工作。

2. 以持续的技术创新支撑海水养殖工业化发展的整个过程

以产业需求为导向，以人才和科技研发平台为支撑，着力突破制约现代海洋农业发展的健康养殖、病害防治等关键和共性技术，具体包括：生产设施与装备技术创新，如循环水养殖设备的建造、生态型池塘的建造、网箱设备建造技术等方面的创新；养殖技术环节的创新，如苗种繁育技术、饵料投喂技术、病害防治技术等方面的创新；关联产业技术创新，如饵料加工、渔药和疫苗的研发与生产、水产品加工与储运等方面的技术创新。

海带产业发展路径充分证实了上述原理。海带在我国经历了长期的驯化养殖过程，而最终突破了以玻璃库自然光夏苗培育技术、海上筏式养殖技术，实现了全人工控制与操作下的养殖技术，使自然采捕农业真正实现了海洋农业产业，是全世界第一个实现全人工养殖的种类，标志着现代海洋农业产业的开始。海上施肥阶段技术提高了海带养殖产量，海带南移养殖不断扩大了海带可养殖区域范围、增大了海带养殖面积，海带遗传改良与品种培育工作则使海带实现了真正意义上的养殖增产。海带养殖产业科技进步与应用，使我国海带养殖业多年持续保持着全球遥遥领先的地位，为我国进一步开展和发展海带加工业提供了丰富的原料。但在产业总体效益方面，远低于美国、日本等发达国家，其主要原因在于我国海带加工利用技术水平较低，良种、苗种、养殖、加工、化工等产业链技术环节衔接不足。因此，构建基于良种的海带全产业链技术体系，从良种、种苗、养殖、食品加工、精深加工等方面着手，针对于我国海带产业发展的技术"瓶颈"与关键技术工艺，开展以现代生物技术为主的海带产业技术研究，开发和建立新型的技术产品、工艺与设施，实现海带产业技术与成果的示范、推广、辐射与产业联动，并将产前研究与产后研究紧密结合起来，使产前、产中、产后一体化，将有效地推动我国整个海带产业技术的升级与科技创新，切实地提高海带产业效益与生产水平，提升我国海带产品的国际竞争力与社会生产水平。

3.以完善的组织管理制度降低海水养殖业工业化发展的运营费用

现代工业的基本特征是以企业法人作为经济主体，而且这些微观经济主体通过行业协会等组织而得以在更高层面上整合，形成了与市场经济相适应的高度组织化的产业组织。我国的水产养殖生产者组织化程度还比较低，需要通过组织创新加以改造。同时，管理部门也应出台相关的法律、法规、及产业政策，能够有效调控产业的宏观管理。此外，水产养殖业要实现工业化，必然要求相应的投融资制度的支撑，目前我国水产养殖业缺少持续、健康发展所需要的投融资体系，必须创新和完善相应的投融资体系。

4.以标准化规范海水养殖业工业化的整个过程

以走向生产标准化、深化专业分工、关联产业逐步融合来实现工业化养殖。标准化的产品质量要求、标准化的管理程序、标准化的岗位职责和操作规程就逐步成为现代工业生产的要求，从而也使得规模化的大生产成为可能。水产养殖要实现工业化，必然要遵循这一基本要求。如挪威大西洋鲑加工车间内始终保持低温环境，生产使用全自动生产线，通过切割腮后血管方式将鱼杀死。随后，鱼体被传送带传输至下一步，开膛、去除内脏，并进行冰水清洗。接下来的生产线会根据不同客户的习惯和要求产生两种生产途径的划分，从而产出不同种类的产品。一是全鱼产品，二是去骨鱼片产品。加工完毕后，所有产品都会进行最后检查、称重、加冰、贴标签，并完成包装，最后出厂。整条鱼产品生产线全程自动化，并有工人辅助检查及协助，以确保完备安全的生产加工。产品加工完毕，便是一整套完备的储藏、运输及配送系统。挪威的三文鱼远销世界各地，如中国市场上销售的大西洋三文鱼约95%来自挪威。一旦发现质量问题，通过查询包装编码，可以马上追溯到该产品的生产厂家，甚至可以追查到是哪个养殖场、哪一批次的鱼，从而大大增强产品质量控制。

5.以机械化作为海水养殖业工业化发展的重要引擎

养殖设施与工程装备技术是支撑海水养殖业纵深发展的重要引擎。近10多年来，我国中央和地方在科技计划方面重点支持了养殖设施、养殖工程、自动控制、数字化等高新技术的研究与应用，大幅提升了我国海水养殖业的技术水平及生产效益。深水网箱、工厂化循环水养殖装备等的推广应用，为促进海水养殖业增长方式转变，拓展海水养殖业发展空间发挥了先导性支撑作用，同时也取得了良好的生态和经济效益。当前，我国海水养殖业的设施与工程装备发展的总体水平与渔业发达国家相比还存在着较大的差距，海水养殖业装备缺失的局面尚未根本性改变，与我国养殖大国和水产品出口大国的世界地位极不相称。

为了赶上或超过世界渔业发达国家的设施渔业水平，应围绕我国海水养殖业陆基、浅海滩涂、深远海等三个主要领域，开展海水养殖业设施与工程装备技术战略研究，重点发展设施工程技术、海水养殖业装备技术、智能化管理技术，形成一批海洋养殖新技术新装备、新模式和新标准，构建现代海水养殖业的产业体系和装备技术体系，促进外海养殖空间得到有效拓展，陆基、近海养殖产业全面升级，安全生产能力显著提升。据预测，通过海水养殖业设施与工程装备技术战略研究，将技术支撑海洋设施养殖拓展至离岸40～100米水深海域，可新增宜养储备海域面积60万平方千米，陆基养殖实现自动化和工业化，海水养殖业装备制造业产值达到500亿元规模。

第八章　我国海水养殖业发展规模经济及提高规模效率的对策

第一节　通过产业化运营，深化海水养殖业专业化分工，发展规模经济

一、产业化运营对于海水养殖业发展规模经济的推进机理

实践证明，为改变海水养殖业组织化程度低、规模效益不明显的现状，实行海水养殖业的产业化运营无疑是一条降低交易费用、提高经营效率的最佳途径。

海水养殖业的产业化运营是以提高海水养殖业的规模效益为目的、以科技创新为前提、以龙头企业为主体，按照市场牵龙头、龙头带基地、基地带农（渔）户的形式，优化配置各生产要素，对区域性养殖的主导产品实行专业化生产、品牌化经营、系列化加工、工业化管理和社会化服务，逐步形成养殖加工一条龙、产供销一体化、渔（农）工商一体化经营体系，使海水养殖业进入自我发展、自我调节的良性发展轨道，推动海水养殖业现代化进程。其经营的基本组织形式是龙头企业、科研教学单位、加工企业、流通企业等经济主体之间进行合作、优势互补、风险共担、利益共享、共同发展。

海水养殖业实行产业化运营，有助于其由分散经营转变为适度规模经营；促使养殖水域、劳力、资金等生产要素优化组合，从而

提高渔业资源的利用率。同时，通过组建龙头公司，把海水养殖业生产过程中的产前、产中、产后服务企业和生产企业联系起来，使第一、二、三产业融为一体，有效地提高规模效率，能够从根本上实现海水养殖业由粗放经营向集约经营的转变。

产业化运营在拉长海水养殖产业链的同时，增强产业之间契合。如产业化运营把海水养殖业的种苗、养殖、饲料、病害防治、加工、销售、物流等各个环节和部门的企业有机结合起来，形成“育种育苗—养殖—水产品加工—渔需品加工—饲料加工—苗种生产—水产品交易—市场营销—水产品物流”的产业链。同时，将外部的市场交换通过合并或契约的方式内化为一体化流程，在降低交易费用的同时，通过优势互补，组成经济共同体，共同挖掘潜在的外部利润，从而使经济共同体在既得利益不变的情况下，增加总收入。我国海水养殖也应以建设渔港和低碳高效示范养殖产业园区为契机，延伸产业链条，加强正规流程中不同生产经营活动的组合，重新构建各种经济利益主体的组织结构，进行外部行业内部化的制度创新。

海带产业是我国海洋生物产业中产业结构最完整、社会生态效益兼备的产业。海带是迄今为止综合开发用途最广的海产品，在我国已形成了育苗、栽培、食品加工、海藻化工、海洋药物与保健品、加工废弃物制备农用肥料等较为完整的海带产业群。海带不仅是一种营养丰富的健康食品，其主要成分矿物元素以及活性多糖等也是轻化、食品加工和保健医药等行业的主要原(辅)料。有关研究显示，其在降血糖、降血脂、抗肿瘤等方面具有显著的疗效，并成为海洋药物开发的主要原料。从海带中可提取出碘、褐藻胶、甘露醇等化工产品，是藻类化工业的主要原料。近年来，海带绿肥、抗逆生长素、海藻饲料等生产也已成为海带加工利用的新兴产业。

二、以产业化运营推进海水养殖业发展规模经济的具体措施

1. 标准化生产

质量是海水养殖业能否持续健康发展的决定性因素，而标准化生产是提升质量的关键。

(1)充分发挥各级政府和相关行政部门在标准制定方面的主力军作用。提高认识，把各方面的力量整合起来，形成推动标准化养殖的强大合力，高度重视标准的制定，把标准的制定工作作为当前海水养殖业工作的主攻方向，推进实行产品质量安全责任追究制度；加强统一领导，根据产业化养殖的要求，制定标准化的规划，同时，国家应重点制定种质、饲料、食品卫生、质量要求等方面的标准，其他标准可由地方和企业制定。

(2)注意标准的系统性与针对性、有效性。遵循认真研究、积极采用和区别对待的方针，进一步充实完善我国的海水养殖业标准体系，提高标准化水平，建设渔业标准化示范区，把生产的每一环节都纳入标准体系，产前应抓投入品、产地环境的标准制定，特别是要大力推进渔业种苗良种使用的标准化，产中应抓渔业生产技术、操作规程和管理的标准制定，产后应抓加工、包装、储运和贸易的标准制定。如水产品质量的标准应既符合中国国情又符合WTO要求的水产品质量体系和标准。

(3)夯实标准贯彻实施的关键环节。首先，积极组织培训各水产部门负责人及技术人员，由基层水产技术骨干向生产者广泛宣传标准知识，同时也要利用广播、电视和网络等新闻媒体宣传标准化知识。其次，完善海水产品标准管理体系建设，加强海水养殖业生产全过程的质量控制和管理，大力推进绿色养殖、健康养殖。第三，加强出口原料基地、无公害生产基地全过程的质量管理，特别是开展水产品药物残留专项整治活动，加强对水产养殖用药的指导和监督管理查处违法用药行为。第四，以加强水产绿色食品基

地的建设和无公害养殖小区的建立为切入点和突破口，引导生产经营者加强海水养殖业自我质量管理，使更多的基地和园区进入省级、国家级，为进一步开拓国际市场创造条件。

(4)政府建立起各级标准化的发展基金，加大标准化投入力度。解决相关人员的社会地位、福利待遇方面的问题；加强质检机构建设，加大执法力度，完善产品质量安全日常监测制度，扩大监测品种和范围，加大专项整治力度，及时向社会发布相关监测信息。

2.品牌化经营

首先要树立品牌竞争意识，充分认识到品牌效应在海水产品市场竞争中的重要作用。品牌竞争力不仅要有高品质的产品和优质的售后服务，还要有多种多样的品牌营销策略，更要把水产品质量安全作为品牌核心来经营。

其次，品牌的竞争需要规模的支持。当前养殖业户应借助现有海水养殖基地优势，扩大名特优珍稀海洋生物养殖规模，提高优质品种的覆盖率，依靠规模优势提高市场影响力，进而提升海水产品在国际、国内市场的竞争力。

獐子岛集团股份有限公司不断推进海珍品新品研发，延长产业价值链，提高资源利用率和产业经济效益。2011 年完成推出新品上市 10 项，其中全新品 2 项、品类优化新品 3 项、引进类新品 5 项，完成储备新品 5 项。2012 年度完成上市新品 6 项、完成贮备新品 9 项。涉及的海珍品资源包括虾夷扇贝、栉孔扇贝、刺参、鲍鱼、牡蛎、鲟鱼、明太鱼子等。加工的产品形态主要有干品、冻品、调理食品、即食食品、休闲食品等产品系列。“獐子岛”牌产品进入 30 个省、自治区、直辖市，遍布 60 多个重点城市，虾夷扇贝占国内市场份额的 80%。在国际市场，2012 年“獐子岛韩国珍岛水产物出口产业园区”开工奠基；公司在美国、加拿大、欧洲和中国台湾、香港设立了五个海外贸易公司；“海洋大厨(Ocean Chef)”商标在美国成功注册，开启了公司国际品牌终端化运营之门，产品远销日本、韩国、欧洲、北美和澳大利亚等20多个国家和地区。2012年，产品出口总额达3.46亿元，占销售收入的13.3%。国际形象方面，2011年，被世界经济论坛评为“可持续发展新领军者”典范企业，全球仅有16家；2012年，以“行业塑造者”身份亮相冬季达沃斯论坛，这是中国渔业企业首次走进冬季达沃斯，也是冬季达沃斯论坛的第一个渔业“行业塑造者”，在国际上产生了一定的影响力。

最后，做好水产品质量认证。龙头企业应当树立“质量是企业的生命”、“质量是产业的生命”的意识，按照国家相关标准，建立自身的质量保证体系，坚持健康生态养殖，将质量认证的范围逐渐扩大到养殖领域及饲料和渔药等生产领域，重点搞好HACCP、ISO9000等国际质量认证、绿色食品认证和国际环保认证，切实加强对渔业生产、加工、出口各个环节的质量控制，实行健康养殖，确保达到国际标准。

3.系列化加工

目前，我国海水产品加工产业中规模以上企业的数量偏低，并存在一定数量以手工作坊为主的微型或超微型水产品加工企业，规模化效益不高。通过横向和纵向发展向规模化发展，是提升我国海水产品加工企业效益、产品质量安全水平和国际市场竞争力的重要途径。海水产品加工业纵向发展主要是延伸产业链，从水产种苗培育企业、饲料企业、养殖企业到水产品加工企业，形成纵向一体化产业链。水产品加工业的横向发展，是指水产品加工企业之间的强强联合，包括水产食品企业之间的联合、传统水产品与新型产品的联合、民族产业与国外先进企业的联合等。通过企业横向联合，实现水产品加工企业的规模化发展。同时，建设产业园区、打造产业集群，也是产业规模化发展的普遍选择。

(1)建立加工基地，增加海水养殖业的综合效益。扶持加工示范基地、加工基地的建设，引进水产加工新设备、新工艺、新技术，应用新材料，开发海洋药物、海洋生物制品等高新产品，开展综合利用，发展节能环保水产加工业，培育各具特色的水产品深加工产业集群。

(2)巩固和提升加工产业带。一是按照国际标准对加工产业进行改造升级，培育适合加工、适应市场需求的主导产品，进一步提高水产品的附加值和综合利用水平。二是重点扶持一批经营规模大、科技含量高、管理能力强、经济效益好、拥有自主品牌的水产品加工龙头企业，鼓励研发具有自主知识产权的水产品精深加工技术，引导和支持企业发展前景广阔的高附加值、高科技含量、高市场占有率、高出口创汇率的水产品。

(3)将海水产品加工基地逐渐向海上转移。与陆生食品原料不同，海水产品原料收获后鲜度极易下降。原料鲜度的保持是生产高品质海洋食品的前提。为了缩短海洋食品原料收获后的加工时间，欧美、日等海洋食品发达国家已建立了一批万吨级海上加工船。如在海上加工船上，利用狭鳕加工高品质冷冻鱼糜，利用鳀鱼加工高品质鱼粉，利用南极磷虾加工南极磷虾系列产品等。随着对海洋食品品质与安全要求的不断提高，以及南极磷虾等远洋渔业资源加工需求的增加，海上一体化保鲜与加工技术及装备将得到快速发展。目前，国内已有浙江华盛、海南宝沙渔业有限公司等海洋食品加工企业通过购买或改造国外大型海上加工船用于海上食品加工，走出了我国海洋食品海上加工的重要一步。

4. 工业化管理

产业化养殖的实现要因地制宜，多样化发展，充分发挥地方资源、市场、技术等方面优势。①深化经营体制改革，促进养殖业向现代法人制度转变，大力发展合作社，大力发展股份制经营，规范合作社和股份制经营，提高海水养殖业的收益和规模。②加快龙头企业、合作社和生产经营大户等市场经济主体的培育，发挥他们在生产、服务和销售中的优势和带动作用，促进产业化建设。③依据市场培植主导产业和主导产品，以市场需求决定规模产量，以市场需要调整品种结构，在掌握和运用市场化的理论、方法和规律的基础上开展水产品深加工研究，大力发展精细渔业产品，拓宽水产品市场。④加快工艺技术改造，加快渔业保健食品和药品的研究开发，开发多元化海洋食品。⑤加快海水产品营销促销，建设知名品牌，鼓励支持产品出口，大力开拓国际市场。⑥要加强水产服务体系建设，建设产品市场体系，规范市场主体行为和市场秩序，创造公平竞争的环境，大力推进科学管理，采用科学的管理方法，尽快建立起适应市场经济要求的科学管理体系。

5. 社会化服务

(1)加强相关立法，维护水产品市场公平竞争的秩序。市场经济是法治经济，针对海水养殖业过程中的市场失灵，政府应进行适度干预，强化相关立法和执法工作。特别是将渔业权单列出来纳入我国的物权法，使海水养殖业的生产经营有法可依、有章可循，进而保护生物资源，实现海水养殖业可持续发展。另外，要理顺全国渔业执法体制，确保渔业执法工作。坚持“因地制宜，分类指导”原则，在养殖渔区，按照新的《渔业法》要求，逐步实行养殖许可制度，积极推广股份合作，利用连片开发滩涂养殖和实力型企业参股的做法，并通过有偿转让、使用权拍卖等多种形式，建立健全养殖水域使用的流转机制，适时组建养殖开发公司。

(2)完善水产品市场体系建设。我国水产品市场发育的不完善已经严重制约了我国水产品的生产和流通，为此要尽快完善水产品市场体系，包括市场信息体系、中介机构、水产品标准体系、质量监督管理体系以及政府的宏观调控体系。加快市场建设步伐，形成布局合理、功能齐全、管理规范的水产品市场体系，构建生产加工流通链条。加速市场主体培育，培育和造就多成分、多元化营销流通主体。加强市场信息服务，建立信息收集、整理和发布制度，提高综合分析能力和预测预警能力。加大市场开拓力度，使更多的水产品成规模、有组织地进入国内外市场。建立和完善水产品流通体系，创新水产品现代物流方式，大力发展水产品连锁超市、配送经营、网上采购等现代交易方式和市场营销形式，提高水产品流通加工附加值。培育和完善多层有效的市场交易体系，鼓励龙头企业建立水产品物流配送电子化管理系统，发展水产品网上贸易与电子商务。

(3)健全渔业资源调查评估和环境监测制度，为排污收费制度、养殖证制度和人工放流制度的完善打好基础。针对我国水域环境质量检测体系和渔业资源调查与评估机构的不健全状况，财政应为渔业资源评估和渔业环境监测制度的建立和完善提供物质基础，以便使政府获得渔业资源与环境的必要的准确的信息。近期，应对重点海域特别是对养殖水域、重要鱼类产卵场及洄游通道进行渔业资源调查和常规监测，建立渔业资源管理信息系统，为加强渔业资源养护工作提供参考依据。准确评估重点海域的海洋环境容量，加大海洋污染防治力度。强化陆源污染控制，逐步建立污染物排海总量控制制度。加强对海上油气勘探开发、海洋倾废、船舶排污和港口环境的管理。临海企业要逐步推行全过程清洁生产。为此，应建立健全地级以上市海洋与渔业环境监测中心和一批海洋与渔业环境监测站(点)，形成覆盖全国的海洋与渔业环境监测网。

(4)加快渔业科技创新和技术推广体系建设。加快海水养殖业科技创新体系建设。强化国家级水产科学研究机构和水产专业高校在海水养殖业科技创新方面的引领功能；选择一些条件较好、科研能力强的省市级水产科研机构组建区域性渔业科研中心和试验站，在基建和科技项目方面予以扶持；支持和鼓励有条件的企业建立科技研发中心，形成产学研相结合的新型科技创新体系。同时，积极稳妥推进水产技术推广体系改革。强化推广机构的公益性职能，积极探索对公益性职能与经营性服务实行分类管理的办法;结合“绿色证书工程”和“跨世纪青年农民培训工程”的实施,加大渔民培训力度;加大良种良法推广力度,围绕对虾、罗非鱼等主导品种和水质调控、深水抗风浪网箱等健康养殖主推技术,扎实推进科技入户工作,提高渔业产业的整体素质。

(5)积极开展养殖技术培训与人才引进的服务工作。加强以水产中专教育为主的职业技术教育,继续在职教中心或技校办水产专业班,开展养殖业户的业务知识培训,提高水产养殖业的科技贡献率,造就一支适应21世纪现代海水养殖业发展需要的科技人才队伍和劳动大军。建立新的人才引进机制,采用外引内联、高薪聘请等多种方法,积极引进国际、国内各级各类海水养殖业的科技人才,对海水养殖业发展规模经济进程中的技术难题进行联合攻关。

第二节 以技术创新促进海水养殖业发展规模经济的可持续性

海水养殖业要实现规模化、集约化、产业化、生态化,就必须以科学和技术的研究开发为基础,新品种选育、高效专用配合饲料研制、疫苗研制与流行病防控、系统自动控制、环境和产品质量检测、地理标志产品以及深加工等方面需要得到强有力的技术支撑。因此,科学和技术的研究开发日益成为海水养殖业发展的决定性的因素之一。

适应海水养殖业工业化发展的现实需要,当前我国海水养殖业的技术创新,应重点解决以下几方面问题:

(1)海水产品的质量问题。首先,加强养殖产品的营养学研究,针对不同的养殖对象和不同生长阶段所需要的饵料,开发高效、质量稳定的饵料,使饵料系列化、产业化。其次,加强对水域环境、养殖容量、养殖生物种群状况、生物种类等相关基础研究，根据养殖水体的环境容量和水体的自净能力等因素确定养殖面积和密度，合理搭配养殖品种、结构，形成多品种、多层次的养殖模式，充分利用水体和饵料，提高水域的综合利用效能。以水产养殖环境工程技术研究为依托，向节水型、无害化工厂养殖和生态养殖转变。

(2)养殖新品种问题。现代海水养殖业强调科学、合理、综合、高效地利用现有的海洋生物资源，同时开发尚未利用的富有的自然资源来取代已稀缺的生物资源，把技术与科学融为一体，实现海水养殖业与自然协调发展。这就要求生物技术与常规育种技术相结合，不断推出高产、优质的新品种，提高海水养殖业的市场竞争力及经济效益。

(3)生态化病害防治问题。在虾病虫害、贝参病虫害、鱼病虫害和海藻病虫害等方面，亟须建立快速诊断与多病原多样品的高通量检测技术，研发免疫调节剂及生态防控技术与产品，构建快速监测、监控与防控技术体系。

(4)养殖机械化问题。为尽快提高我国海水养殖的设施化、机械化、数字化水平，需要建立养殖设施规范化技术等。海水养殖业的规模化、现代化发展，必须依靠安全的设施、自动化的装备、智能信息化的管理以及产业链衔接相关环节的产业技术。建议国家对渔业设施养殖发展进行重点扶持，成立“设施渔业工程装备研究中心”，通过科技部科技专项持续对设施养殖工程与装备前沿技术、高新技术研究资助，解决我国海洋设施养殖持续发展的相关技术。国家投入的同时，应以国家项目为导向，引导地方、企业资金走向，开拓科研资金的多渠道投入机制。建立以渔业设施与工程装备为支撑，以企业为主体的现代化海水养殖示范基地，是保障海洋农业健康可持续发展的重要举措。集成重大技术成果，建成成果产业化示范基地，将研究、开发、应用和产业化工作有机结合起来，引导和带动我国海洋农业健康快速发展。

解决上述问题，首先要以政府为主导，建立多元化的科技投入机制①。据相关统计表明，在我国海洋养殖业的发展过程中，新技术的形成与开发，一般会使未来10年的生产产量上升一大台阶。我国“九五”和“十五”期间的水产科技进步在渔业经济增长中的贡献率分别为48％和50％，科学和技术的研究开发日益成为渔业发展的决定性的因素之一。而日本政府认为，对科学技术的支持是对国家未来的投资，对研究开发投资是政府各项投资中回报率最高的。政府介入研究开发投资，是因为个体对研究开发的投资收益远远小于社会获得的收益，个体回报率在20％～30％之间，而社会回报率高达50％。为此，要充分发挥政府在海洋渔业科技投入中的引导作用，通过财政直接投入、税收优惠等多种财政投入方式，推进渔业高新技术的创新，增强水产品的国际竞争力。并通过政府投入的引导和示范作用，带动银行贷款、企业资金、个人捐助、国外投资、国际援助等参与海洋渔业科技创新工作，形成投入多元化、利益共享的投资新机制，扩大渔业科技发展的资金总量。另外，中央和地方各级政府要按照《中华人民共和国科学技术进步法》的要求，在编制年初预算和预算执行中的超收分配时，都要体现科技经费法定增长的要求，保证渔业科技经费的增长幅度明显高于财政经常性收入的增长幅度，逐步提高科技在渔业经济增长中的贡献率。

对于成效比较明显的养殖新技术，政府应不断加大科技成果推广使用力度。可以通过完善海水养殖业科技示范基地建设，发挥基地辐射带动作用进行推广。同时，加大人才培养力度。根据海水养殖业的发展需要，结合产业特点，下力气培养一批懂技术、会管理、善经营的人才，要加强对现有养殖业从业人员的技术培

---

① 国家中长期科学和技术发展规划纲要(2006—2020年)。

训，做好科技入户示范，全面提高他们的养殖水平；鼓励支持现有在职水产技术人员和水产院校毕业生到第一线创业；积极开展技术、信息咨询服务。

政府应以可持续发展的理念指导海水养殖业科技成果转化服务链的形成，搭建具有公益性、权威性、示范性的海水养殖业科技成果转化服务平台和服务体系，整合离散在政府、科研机构、高校和企业等的各类资源，形成一个强有力的综合协调与政策落实机制，促进"协调、共用、服务"保障体系，优化专业服务供给，提升技术资源的有效流动，实现信息资源的充分共享，以推动和保障海水养殖业科技成果转化工作的高效开展。

第三节　完善金融服务体系，为海水养殖业发展规模经济提供稳定的资金来源

一、加大政策性金融支持力度

政策性金融是我国农村金融的重要组成部分。农业政策性金融的根本目的是从金融的角度去扶持农村经济发展。海水养殖业发展规模经济，其中的风险较大。因此，在发展现代海水养殖业的过程中，农业发展银行要有针对性地加大政策性信贷资金投入，支持养殖模式更新、养殖技术创新、科学研究、技术推广、成果转化以及产业化等经营活动。利用政府财政资金，鼓励商业银行发放涉渔贷款，对商业银行发放的政策性涉渔贷款给予利息补贴；通过政策性银行向水产业相关企业提供低息或无息贷款，以降低涉渔产业的融资门槛，或提供比正常分期偿还期限更长的贷款，增加贷款额度。

二、设立政府专项基金，增加现代海水养殖业发展的引导资金

海水养殖业的规模经营，仅靠有限的政策性融资力量和部分商业性融资力量，无法完全满足其对资金的大额、连续性需求，还需要政府设立专项资金，增加推进现代海水养殖业的引导资金。①建立养殖技术创新基金。政府专项基金应以国家和地方政府共同出资的方式建立，用以支持在农业部、科技部、水科院立项的海水养殖相关科技成果项目，重点支持技术水平高、转化条件成熟、经济效益好的项目。②增加成果转化的引导资金。大幅度增加政府对各类金融资金进入海水养殖业科技成果转化领域的引导性投入。为引导更多金融资金参与科技创新活动，国家财政有必要增加一定的科技投入。综合运用财政贴息、奖励、补助等方式，引导民间资金和银行信贷资金跟进投入；通过科技成果转化引导基金、创业投资引导基金、科技担保代偿基金、科技保险补助资金、科技企业 IPO 奖励基金等多种形式，适当释放科技创新活动的风险。对科技金融的引导性投入，将为金融资金分散科技创新及其成果转化的风险，科技成果产业化回报金融资金，提供真正的市场化实现途径。

三、发展风险投资基金与政策性保险，保障海水养殖业的规模效率

由于现代海水养殖业是一个高技术、高风险行业，造成其风险和收益的相对不匹配。企业成长期的风险大而收益低，风险投资基金在早期介入、中期脱离的方式为科技型企业提供融资服务就是一种很好的方式。

同时，针对海水养殖业风险集中和不可控问题，以政策性保险扶持和推广我国海水养殖业的发展。实践证明，单纯依靠商业性保险难以规避成本收益不对称下生产经营活动的潜在风险。发展政策性保险，通过政府信用担保和资金支持，能有效动员全社会分

散养殖风险，改变生产经营者在风险面前孤立无援的窘境，这是完善现代海水养殖业保障体系的重要组成部分。加大“政保企”对接力度，科技部门积极组织推动，加强工作协调，提供相关支持；提高科技保险服务质量，建立科技保险理赔绿色通道；探索开拓科技企业融资的保险产品；支持发展科技企业贷款保证保险，鼓励发展科技产品出口信用保险和商业信用保险。

第四节　运用工业经营管理理念，提高海水养殖业规模效率

工业企业以经济效益为中心，落实严格管理制度，强化内部管理，加强产品成本核算，节支增效，向管理要效益。近年来，由于物价上涨，海水养殖业经营成本提高很大，压缩了养殖利润空间，造成养殖业从业人员纯收入增长滞后，生活质量相对较低。因此，加强海水养殖场业内部经营管理尤为重要。

一、优化海水养殖业经营管理体制

发展现代海水养殖业涉及水产、工程、生物、食品等多学科的科研成果与技术，而大部分养殖经营者文化素质相对较低，接受新工艺、新技术、新设备的能力较差，因此加强企业内部的经营管理至关重要。可以建立水产龙头企业和水产企业集团，建立龙头企业＋基地＋渔户的综合性生产经营体制，提高渔业经营素质，实行渔工商、产供销、经科贸为一体的产业化经营，进一步提高渔业生产经营的集约化水平。在此基础上，遵循“因地制宜，分类指导”原则，在养殖渔区，按照相关法律法规的要求，实行养殖许可制度，不断完善以家庭承包经营为基础、统分结合的双层经营体制，切实保障渔户的承包权、生产自主权和经营收益权。积极推广股份合作，

采取连片开发滩涂养殖和实力型企业参股的做法，并通过有偿转让、使用权拍卖等多种形式，建立健全养殖水面使用的流转机制，适时组建养殖开发公司。在海洋捕捞渔区继续稳定和完善海洋捕捞渔业股份合作经营体制，加强规范化管理；鼓励和引导股份合作渔船以新的形式走向联合，组成前后方配套的股份合作制企业或渔业公司，提高海水养殖业整体效益。

二、开展适度规模经营，控制养殖成本

在市场需求和比较利益的驱动下，海水养殖业的规模在迅速提高，并成为各地农民增收的重要途径。近年来，各地主要农副产品价格涨幅比较明显，而水产品价格保持平稳状态。根据《全国农产品成本收益资料汇编》的成本统计方式，海水产品养殖成本主要包括种苗费、饲料费、药物费、人工费、承包费等直接费用和养殖设施建设、船只等固定资产投资费用(间接费用)。在生产资料及生活资料价格不断上涨的情况下，海水养殖业面临着生产成本上升、增收压力加大的严峻挑战。适度规模经营就成为养殖业户稳定收益的正确选择。理论上，随着养殖规模的扩大，养殖的平均成本将会下降。但并不是说，规模越大，收益越高，这需要比较养殖规模与养殖成本之间的变化趋势。养殖效益的高低受市场价格、气候条件、自然灾害、病害等因素的影响。实践中，适度规模经营在保证养殖经济效益的同时，抵御自然灾害的能力、抗风险的能力比较强。

三、重视水产品质量安全管理对海水养殖业提升经济效益的基础性工作

认真贯彻落实有关食品安全工作措施，落实责任，强化水产养殖环境监测、污染治理、水产病害防治、推广高效低毒渔药，防止药物残留，严把水产品质量关，鼓励支持具有一定生产养殖规模、质量管理规范的企业单位积极参与国际质量管理体系、环境管理体

系、食品安全体系等的认证工作,把加强水产品质量安全管理作为提高水产养殖产业素质和国内外市场竞争力的重要措施,最终达到养殖产业升级、效益提高、渔民增产增收、渔区和谐发展的目的。

第五节 配套措施

一、重视政府在海水养殖业发展规模经济进程中的协调与规制作用

1. 加强养殖水域功能区划与规划,引导专业化分工与合作

养殖水域资源的有限性与区域性决定了海水养殖业的宏观调控和科学决策的重要性。在对重点养殖水域滩涂资源和养殖容量进行调查研究的基础上,全面安排岸带、内湾、浅海、深水、盐碱地、湿地、岛礁区的产业布局,规划发展区域性优势养殖产业带和产业群,科学合理地确定养殖规模、生产布局和养殖容量,引导养殖业健康发展。

2. 加强养殖过程管理与质量管理

在海域养殖确权方面,明确海域使用权,加强管理,推行养殖许可制度,明确各方的权责利;用生态经济和环境保护的观念来指导海水养殖业,通过财政政策、金融政策与产业政策,鼓励新建的养殖场或者示范养殖场增加水质调控设备和净化设施,使养殖用水能实现内部循环利用,废水净化处理后再排放,在保证养殖质量、效益的同时,减少对水资源的消耗和对环境的污染;加大对养殖业生态环境的质量监管和处罚力度,建立健全行之有效的环境监测机制,对出现的污染,主管部门要实行索赔,通过罚款、征收"庇古税"或在明确产权的基础上通过市场交易,使海水养殖者给环境和社会带来的负外部性内部化;对于已出现环境问题的海域,政府要加大投入,改善海洋环境质量,为海水养殖业工业化的实现

创造良好的环境；另外，海洋渔业资源的保护，不只是海洋渔业主管部门的事情，需要各方共同努力，特别是要“唤醒”养殖企业环境责任意识，建立养殖企业自我调节机制，通过内外部的监管机制，促使企业更加积极地承担环境责任，把环境责任内化为公司的行为规范。

3. 重视海水养殖业工业化发展的建章立制工作

尽快完善水产养殖基本经营制度及政策体系，为海水养殖业的工业化发展提供制度保障与政策支持，在养殖水域、滩涂的所有权制度及其实施细则，养殖水域、滩涂的承包经营权及其流转制度，养殖渔业权补偿制度，海水养殖保险制度，海水养殖融资担保制度，海水养殖小额信贷制度及其推进措施，海水养殖产品质量安全监管制度及其实施，海水养殖产品市场准入制度，海水养殖生产标准化制度，海水养殖污染排放标准制度等方面实现突破。

4. 调整财税政策，完善海水养殖业发展的风险保障机制

2012 年中央 1 号文件明确提出要“扶持发展渔业互助保险”，财政应以此为契机，加快实施有利于海水养殖风险保障的财税政策。首先，将海水养殖保险纳入政策性保险中。在推进政策性农业保险的同时，也应给予海水养殖保险一定的保险保费财政补贴，增强养殖户的抗风险能力。其次，适当调整税收政策。对于涉及海水养殖业保险业务的营业税制定低税或减税等优惠政策，促使海水养殖保险的发展。第三，设立专项资金，扶持名优海产品原良种场和优质苗种基地建设。配以财政补贴、中央财政拨款扶持等形式的结合，建立海水养殖优质高效示范基地、无公害水产品生产基地、出口水产品标准化示范区等，在示范区内进行健康养殖方式的推广，在养殖过程中保证养殖产品的无污染、无病害等。最后，建立再保险和风险准备金。从养殖户、中央财政和省财政等多方筹集再保险和风险准备金，通过养殖户、渔业互保组织、商业保险组织、财政的共同努力，促进建设海水养殖业风险保障机制的多元

化模式。

5. 加强渔业行业协会建设，提高经营效益

为降低交易费用，减少市场风险及不确定因素的影响，形成规模经济从而降低交易成本，应加强我国渔业行业协会的建设，发挥行业或专业最大群体优势，保护行业或专业群体的整体经济利益，从而提升我国渔业市场在国际上的竞争力。

二、以保护—开发—利用海洋生态系统为原则，优化养殖模式

海水养殖业由传统的规模数量型向质量效益型转变、由粗放养殖型向生态健康型转变，必须以高产、优质、高效、生态、安全为目标，调整养殖结构，优化养殖模式，从根本上提高海水养殖业整体发展水平，实现速度、结构、质量和效益的有机统一。

1. 选择适宜的养殖方法

因地制宜，根据不同的水域滩涂环境，确定科学的品种结构和合理的搭配比例，采用混养、轮养、套养、间养等养殖方法，充分发挥不同品种间的代谢互补性，最大限度地消耗养殖系统内的有害代谢产物，减少养殖生物自身形成的污染。积极开展水产养殖清洁生产，淘汰落后的养殖工艺。

2. 形成节能环保的养殖模式

(1)构建节能减排型工厂化养殖模式。重点围绕北方沿海鲆鲽类养殖、南方沿海石斑类养殖，构建专业化全循环高效养殖水净化系统、智能化设施与设备处理系统、养殖生产管理系统、精准化监控系统；查明生物滤器净化机理及系统内主要营养素碳、氮、磷转移规律，评估养殖环境对养殖生物影响力，构建并完善养殖环境控制技术；研究高密度养殖条件下养殖生物的饲喂管理技术，建立安全、精准的节能减排型工厂化养殖新技术与新模式。

(2)创建低碳高效型池塘养殖模式。结合养殖生物的生理生态学、行为生态学特征，研发基于动物行为生态特征的标准化池塘

养殖新设施以及配套采捕新装置，研制投苗、养成、采捕高效一体化新设施与新技术；查明不同养殖环境与设施系统中适宜的苗种放养种类、规格和密度，构建多元清洁化养殖新模式，建立标准化、规范化养殖生物苗种投放与养成技术。

(3)完善清洁安全型滩涂养殖模式。加强贝、藻类增养殖生态学基本原理的研究和创新，系统评估滩涂贝、藻类养殖容量并动态预测贝、藻类的养殖产量，研究养殖对象生理生态学及其相互关系，研发多元生态养殖与高效收获新设施与新装置；结合现代生物技术与工程，建立生态系统水平的清洁安全生产新方法和新技术。

3. 建立基于生态系统水平的多营养层次综合养殖生产体系

(1)建立近海多元生态型增养殖生产体系。系统评估养殖生物的环境容纳量、健康持续的养殖密度以及养殖自身污染、生态入侵的潜在危害；研究海湾生态系统基础生产力评估技术、海域污染物自我净化能力、水产动物产卵场保护和修复技术，查明生物修复机理，评估生物修复效果，建立海湾生物资源养护与效果评价技术体系。研究养殖与环境相互作用机理及生态系统弹性，构建养殖容量与生态容量数值模型；研发海珍品精准底播、生态增养殖、高效采捕一体化设施与技术，建立多元化生态型增养殖新模式与新技术；综合应用物联网、信息化、数字化技术建立基于生态系统的管理平台，实现养殖生态调控的自动化、养殖生产操作的机械化，养殖生产产品的安全化。

(2)构建离岸深水养殖生产体系。应用现代海洋工程技术，研发大型深海网箱，构建海上养殖基站。针对我国沿海海域海况特点，以现代海洋工程技术为支撑，研发高强度、抗风浪、耐腐蚀的新材料和新装备，研发离岸恶劣养殖新设施，建立以岛屿为核心的区域性海洋牧场；通过研发大型深海网箱，构建依托原钻井平台或适宜岛礁的海上养殖基站，形成具有开发海域资源、守护海疆功能的渔业生产基地；结合现代船舶工程技术，研发大型海上养殖工船，构建兼具捕捞渔船渔获中转、物资补给、海上初加工等功能的游弋式海洋渔业生产平台。

三、以科技成果转化夯实海水养殖业发展规模经济的技术支撑

一项水产科技成果研发成功后，若不及时进行推广、商品化或产业化，它就不能发挥其对经济、社会和生态效益的实际作用，不能实现成果价值的最大化。当前，科技成果转化率已成为衡量一个国家或地区科技发展水平的重要标志。而要把水产科技成果由潜在的、知识形态的生产力转化为现实的物质形态的生产力，需要通过大面积的推广应用，经历周期很长的社会活动，并要经过小规模或样机试验、中间试验、产业化等阶段。在市场经济条件下，只有这三个阶段全部完成，才能确认该科技成果产业化成功。反之，在任何一个阶段出现障碍或问题，都可能使这一成果中途夭折。

科技成果转化已成为海水养殖业科学化程度的核心。为此：

(1)加强科研推广体系建设。重点推广生态、健康养殖技术，强化高新技术，提高现有养殖水面的生产水平。积极拓展成果转化的融资渠道，鼓励和支持各单位利用风险投资资本、金融机构信贷等资本市场开展成果转化和产业化，突破成果转化的资金“瓶颈”。科研活动可引进外部资本进行项目合作，如风险投资等，通过外部资本的支持推动科研工作向深层次开展。引导现有资源向科技产业倾斜。鼓励和引导科研中试、成果转化优先在本单位企业开展；优先推荐联合本单位科技企业申报的科研项目；对于经营效益好的企业，院、所两级优先推荐申报成果转化类项目或其他项目；积极促进院所间的成果开展联合转化。

(2)深入实施知识产权战略，加快专利成果转化。鼓励各单位开展知识产权质押贷款试点，将科技成果、专利作等无形资产以技术入股的方式与社会资本开展合作共同转化实施；支持各单位以专利实施/转让的形式与企业签订科技开发、技术转让、科技服务

等合同。

(3)设立政府专项基金，增加科技成果转化的引导资金。水产科技产业的发展，仅靠有限的政策性融资力量和部分商业性融资力量，无法完全满足其对资金的大额、连续性需求，还需要政府设立专项资金，增加成果转化的引导资金。一是建立水产科技型企业创新基金。政府专项基金应以国家和地方政府共同出资的方式建立，重点支持技术水平高、转化条件成熟、经济效益好的项目。二是增加成果转化的引导资金。为引导更多金融资金参与科技创新活动，国家财政有必要增加一定的科技投入。综合运用财政贴息、奖励、补助等方式，构建由政府引导、金融单位和社会各方资金参与的金融支持体系，多方位、多链条、多层面支持海水养殖业的发展。集成重大技术成果，建成以企业为主体的成果产业化示范基地，强化科普宣传，将研究、开发、示范和推广有机结合起来，促进科技成果产业化，引导和带动我国具有自主知识产权的现代海水养殖业健康快速发展。

(4)加强产学研协作，通过院地、院企合作推广科技成果。加强重点经济物种的产业技术创新联盟建设，由行政管理部门参与组织和实施，整合科研院所、高等院校等的人才和技术资源，成立产学研用一体化研发平台，建立科研院所、高等院校和龙头企业间技术合作和资源共享新机制。科研单位以所有的科研实力为后盾，与地方政府及企业开展科技合作，与水产主要地区政府和水产行业龙头企业签署协议，共建示范县示范基地，将新技术、新品种应用于生产。

四、大力发展水产品加工和流通业，提升规模效益

实践证明，大力发展海水产品加工业是改变海水养殖业组织化程度低、规模效益低状况的有效途径。海水产品加工具有提高附加值、提高水产品科技含量、出口创汇的功能，并且能带动加工

机械、包装材料和调味品等相关行业的发展，具有明显的经济效益和社会效益。对水产品进行深加工，也是充分利用资源、实现规模经济、延伸产业链的关键环节。

与渔业发达国家相比，我国海水产品加工基本上属于劳动密集型产业，机械化程度较低。根据我国水产品加工业的现状，当前应重点从水产品精深加工和水产保健品、医药品起步，提高科技含量和产品档次。并以水产加工企业为龙头，通过市场，实现渔业资源和生产要素的优化配置与合理组合，提高渔业组织化程度和集约化水平，实现渔业生产标准化、渔业环境生态化。同时，积极引进一批海洋食品深加工企业，扶持开发多样化、系列化、标准化的海洋食品，打造地方国际品牌。不论是面向国内还是面向国外，水产品加工企业都要树立名牌意识，加强企业管理，要有计划、有重点地推动水产品品牌建设。利用广告媒体，促进名牌成长；摸准市场、选准品种，高标准、严要求地生产出符合人们需要的、具有优良特性的产品，保护和发展水产名牌。

随着全球经济一体化进程的日益加快，海洋食品资源在全球范围内的流动和配置大大加强。随着海洋食品物流体系的进一步发展，信息因素对海洋食品物流体系的功能发挥将越来越重要，建立高效、通畅、可控制的全球化海洋食品流通体系，减少流通环节、节约流通费用，以适应在经济全球化背景下“物流无国界”的发展趋势。因此，信息优势成为海洋食品物流体系必须具备的首要优势。实时的业务信息交流、完备的海洋食品物流企业数据库等，都将成为海洋食品批发市场整合物流资源的竞争优势。目前，欧美、日本、韩国等国家已经形成了完整的生鲜食品的冷链物流体系，在运输过程中全部使用冷藏车或者冷藏箱，并配以 EDI 系统等先进的信息技术，采用铁路、公路、水路等多式联运，建立了包括生产、加工、储藏、运输、销售等在内的新鲜物品的冷冻冷藏链，使新鲜物品的冷冻冷藏运输率及运输质量完好率都有极大的提高。

立足国内市场，拓展国际市场，以养殖海洋生物资源、品牌培育和初级、精深加工为支撑，打破传统产业、部门、地域的局限，建立信息共享平台，以标准化、信息化为前提，逐步形成国际化、区域性、中心城市(省会)、重点产销区、主要产品基地五级海洋水产品生产、加工、仓储、运输、配送、供应的海洋食品加工与物流体系。

参考文献

[1] 亚当·斯密. 国民财富的性质和原因的研究[M]. 郭大力，王亚南译. 北京：商务印书馆，1972.

[2] 约翰·斯图亚特·穆勒. 政治经济学原理[M]. 胡企林，朱泱译. 北京：商务印书馆，1991.

[3] 马歇尔. 经济学原理[M]. 陈良璧译. 北京：商务印书馆，1981.

[4] 斯拉法. 用商品生产商品[M]. 巫宝三译. 北京：商务印书馆，1991.

[5] 科斯，诺斯，威廉姆森，等. 制度、契约与组织——从新制度经济学角度的透视[M]. 刘刚，等译. 北京：经济科学出版社，2003.

[6] 威廉姆森. 反托拉斯经济学——兼并、协约和策略行为[M]. 张群群，黄涛译. 北京：经济科学出版社，1999.

[7] 约瑟夫·派恩，大卫·安德森. 21 世纪企业竞争前沿：大规模定制模式下的敏捷产品开发[M]. 北京：机械工业出版社，1999.

[8] 钱德勒. 企业规模经济和范围经济——工业资本主义的原动力[M]. 张逸人，等译. 北京：中国社会科学出版社，1999.

[9] Tenore K R, Dunstan W M. Comparison of feeding and biodeposition of three bivalves at different food levels[J]. Marine Biology. 1973，21(3)：190-195.

[10] David Lewis. Rethinking aquaculture for resource-poor farmers: perspectives from Bangladesh[J]. Food Policy. 1997(06)：533-546.

[11] E Neiland, Neill Soley, Joan Baron Varley, David J Whitmarsh. Shrimp aquaculture: economic perspectives for policy development[J]. Marine Policy. 2001,25(04):265-279.

[12] Joachim Scholderer, Torbjorn Trondsen. The dynamics of consumer behaviour: On habit, discontent, and other fish to fry[J]. Appetite,2008(03):576-591.

[13] John Bostock, Brendan McAndrew, Randolph Richards, Kim Jauncey, Trevor Telfer, Kai Lorenzen, David Little, Lindsay Ross, Neil Handisyde, Iain Gatward, Richard Corner. Aquaculture: global status and trends[J]. Food security. 2010,(1554):2897-2912.

[14] Smith J, Shackley S E. Effects of a commercial mussel Mytilus edulis lay on asublittoral, soft sediment benthic community[J]. Mar. Ecol., Prog. Ser. 2004,282:185-191.

[15] Raillard O, Ménesguen A. An ecosystem model for the estimating the carrying capacity of a macrotidal shellfish system [J]. Marine Ecology Progress Series, 1994, 115: 117-130.

[16] Dame R F, Prins T C. Bivalve carrying capacity in coastal ecosystems [J]. Aquatic Ecology, 1997, 31:409-421.

[17] Kirkley J E, Squires D, Alam M F and Ishak H O. Excess capacity and asymmetric information in developing country fisheries: the Malaysian purse seine fishery[J]. American Journal of Agricultural Economics, 2003(3): 647-662.

[18] Yang Y F, Li C H, Nie X P, Tang D L and Chung I K. Development of mariculture and its impacts in Chinese coastal waters[J]. Reviews in Fish Biology and Fisheries, 2004(14): 1-10.

[19] Hansen L G, Jensen F and Russell C. The choice of regulatory instrument when there is uncertainty about compliance with fisheries regulations[J]. American Journal of Agricultural Economics, 2008(4): 1130-1142.

[20] Jacquet J, Pauly D, Ainley D, Holt S, Dayton P and Affiliations J J. Seafood stewardship in crisis[J]. Nature, 2010(2):28-29.

[21] 王旭章. 区域经济和行业规模经济——对苏南行业规模经济优势的分析[J]. 经济研究,1996(3):57-62.

[22] 张德茗. 我国铅锌冶炼产业规模经济初探[J]. 中国有色金属学报,1999(1):211-216.

[23] 荣朝和. 关于运输业规模经济和范围经济问题的探讨[J]. 中国铁道科学,2001(4):100-107.

[24] 杨国亮. 论范围经济、集聚经济与规模经济的相容性[J]. 当代财经,2005(11):12-16.

[25] 刘明辉,徐正刚. 中国注册会计师行业的规模经济效应研究[J]. 会计研究,2005(10):71-75.

[26] 成刚. 中国高等教育规模经济的经验分析[J]. 世界经济,2006(12):53-62.

[27] 叶生洪. 规模经济新论[J]. 当代财经,2007(2):10-15.

[28] 张小民,吴群琪. 公路规模——经济产出的分形理论模型[J]. 中国公路学报,2008(1):106-110.

[29] 朱英明. 区域制造业规模经济、技术变化与全要素生产率——产业集聚的影响分析[J]. 数量经济技术经济研究,2009(10):3-18.

[30] 许庆,尹荣梁,章辉. 规模经济、规模报酬与农业适度规模经营——基于我国粮食生产的实证研究[J]. 经济研究,2011(3):59-71.

[31] 董双林，潘克厚，Uwe Brockmann. 海水养殖对沿岸生态环境影响的研究进展[J]. 青岛海洋大学学报（自然科学版），2000(4)：575-582.

[32] 杨卫华，高会旺，张永举. 海水养殖对近岸海域环境影响的研究进展[J]. 海洋湖沼通报，2006(1)：100-107.

[33] 计新丽，林小涛，许忠能，林燕棠. 海水养殖自身污染机制及其对环境的影响[J]. 海洋环境科学，2000(4)：66-71.

[34] 宇文青. 海水养殖对海洋环境影响的探讨[J]. 海洋开发与管理，2008(12)：113-117.

[35] 刘文辉. 关于海水养殖对生物多样性影响的研究[J]. 中国渔业经济，2007(6)：35-37.

[36] 崔毅，陈碧鹃，陈聚法. 黄渤海海水养殖自身污染的评估[J]. 应用生态学报，2005(1)：180-185.

[37] 许忠能，林小涛，周小壮，廖志洪，游江涛，黄云峰. 广东省海水养殖对海区环境影响的夏季调查[J]. 环境科学，2002(6)：79-85.

[38] 刘丛力，刘世禄. 我国海水养殖业发展现状与可持续发展问题[J]黄渤海海洋，2001(9)：100-105.

[39] 孙娟，杨德利. 我国海水养殖业的可持续发展研究[J]山西农业科学，2011(7)：733-735.

[40] 齐占会，王珺，黄洪辉，刘永，李纯厚，陈胜军，孙鹏. 广东省海水养殖贝藻类碳汇潜力评估[J]. 南方水产科学，2012(1)：30-35.

[41] 岳冬冬，王鲁民. 我国海水养殖贝类产量与其碳汇的关系[J]. 江苏农业科学，2012(11)：246-248.

[42] 李昂，刘存歧，董梦荟，李博. 河北省海水养殖贝类与藻类碳汇能力评估[J]. 南方农业学报，2013(7)：1201-1204.

[43] 朱顺乐. 海水养殖环境决策支持系统的设计与实现[J]. 计算

机技术与发展,2006(9):180-181.

[44] 蔡惠文,任永华,孙英兰,张学庆,余静,张燕.海水养殖环境容量研究进展[J].海洋通报,2009(2):109-115.

[45] 蒲新明,傅明珠,王宗灵,张新军.海水养殖生态系统健康综合评价:方法与模式[J].生态学报,2012(19):6210-6222.

[46] 李京梅,郭斌.我国海水养殖的生态预警评价指标体系与方法[J].海洋环境科学,2012(3):448-452.

[47] 苏艺,刘佳,韩晓庆,高伟明.海水养殖对海洋生态环境的影响——以河北省昌黎县为例[J].江苏农业科学,2012(3):306-309.

[48] 雷霁霖.我国海水鱼类养殖大产业架构与前景展望[J].海洋水产研究,2006(2):1-9.

[49] 车斌.投影寻踪模型在区域海水养殖产业竞争力综合评价中的应用[J].中国渔业经济,2007(2):22-24.

[50] 毛振鹏,慕永通.地方政府关于海水养殖产业制度安排的比较研究——以山东青岛与广东汕头为例[J].中国渔业经济,2012(5):18-24.

[51] 李权昆,张岳恒.广东海水养殖业空间扩散特征与发展对策研究[J].海南大学学报(人文社会科学版),2012(5):124-130.

[52] 孙建富,王一夫,张大鹏.海水渔业主导品种与辽宁海水养殖业发展[J].沈阳农业大学学报(社会科学版),2013(1):30-33.

[53] 高学文.我国刺参养殖产业的现状与发展对策[J].黑龙江水产,2013(1):37-39.

[54] 于晓清,陈伟杰,刘天红,孙元芹.海水养殖产业的可持续发展[J].齐鲁渔业,2010(8):50-52.

[55] 曾少东.浅谈过度发展陆域海水养殖业存在的问题及整治对策[A].福建省土地学会2012年年会论文集,2012:3.

[56] 宁岳，曾志南，苏碰皮，郑乐云，叶金聪. 福建海水养殖业现状、存在问题与发展对策[J]. 福建水产，2011(3)：31-36.

[57] 王小龙. 京族地区海水养殖业发展的司法保障初探[J]. 经济研究导刊，2011(5)：144-145.

[58] 贺勤志. 广西北部湾海水养殖业生态可持续发展探析[J]. 法制与经济(中旬刊)，2013(12)：79-80.

[59] 宁修仁，刘诚刚，郝锵，乐凤凤. 海水养殖业资源与环境的可持续发展[J]. 海洋学研究，2007(3)：75-83.

[60] 李权昆. 中国海水养殖产业安全体系的构建研究[A]. 中国现代渔业发展暨渔业改革开放三十年论坛论文集，2008.

[61] 许罕多，罗斯丹. 智利鲑鱼养殖产业升级路径及对中国海水养殖产业发展的启示[J]. 海洋开发与管理，2010(3)：83-88.

[62] 任光超，杨德利. 海水养殖业灾害保障体制探索[J]. 山西农业科学，2011(6)：605-607.

[63] 赵晟，曾玉华，吴常文. 依托高校重点实验室，为海水养殖业振兴发挥作用[J]. 高等农业教育，2011(2)：51-54.

[64] 陈雨生，房瑞景，乔娟. 中国海水养殖业发展研究[J]. 农业经济问题，2012(6)：72-77.

[65] 孙兆明，等. “蓝黄”战略视域下的海水养殖业转型发展研究[J]. 山东社会科学，2012(5)：144-148.

[66] 章薇婷. 浙江财政扶持海水养殖规模化经营的实践与思考[J]. 中国财政，2013(22)：68-69.

[67] 何晶，杨林. 山东省海水养殖业转型升级的财政政策取向[J]. 海洋开发与管理，2013(4)：90-94.

[68] 周井娟，林坚. 我国海水养殖产量波动影响因素实证分析[J]. 西北农林科技大学学报(社会科学版)，2008(5)：48-51.

[69] 徐忠，李艳红. 海水养殖产业的投入产出研究——以半滑舌鳎为例[J]. 中国渔业经济，2013(4)：57-62.

[70] 蒋逸民，慕永通，姚丽娜. 养殖面积和劳动力对中国海水养殖产出的贡献度研究——基于沿海省(市、区)面板数据的分析[J]. 海洋经济，2013(1)：32-37.

[71] 徐忠，李艳红. 海水养殖产业的投入产出研究——以半滑舌鳎为例[J]. 中国渔业经济，2013(4)：57-62.

[72] 李京梅，王磊. 基于负外部性内部化的海水养殖最优生产规模分析——以南美白对虾养殖为例[J]. 中国渔业经济，2013(4)：50-56.

[73] 陈京婷，杨宁生. 山东省海水养殖产业 SWOT 分析及对策建议[J]. 广东农业科学，2013(20)：231-233.

[74] 王淼，潘学峰. 海洋渔业产业化的发展模式及运行机制[J]. 中国渔业经济，2003(6)：15-17.

[75] 赵晟. 对渔业产业化模式下“养殖基地”规模效应的探究[J]. 统计观察，2007(2)：24-26.

[76] 张耀光，刘锴，刘桂春. 海洋渔业产业发展模式研究—以大连獐子岛渔业集团为例[J]经济地理，2009(2)：244-248.

[77] 孙吉婷，赵玉杰. 我国碳汇渔业发展模式研究[J]. 东岳论丛，2011(8)：150-155.

[78] 韩立民，张静. 山东海洋战略性新兴产业发展现状与模式分析[J]. 中国渔业经济，2013(3)：5-11.

[79] 黄木现，俞永跃，尤永生. 推进产业化：增长方式转变的战略抉择——浙江渔业产业化研究[J]. 浙江学刊，1998(3)：42-46.

[80] 王淼，权锡鉴. 我国海洋渔业产业化的推进策略[J]. 农业经济，2002(12)：38-39.

[81] 杨林，马顺. 海洋渔业产业结构优化升级的目标与对策研究[J]. 海洋经济，2011(8)：35-41.

[82] 林香红，陈刚，宋维玲. “十二五”我国海洋渔业面临的问题与政策建议[J]. 中国渔业经济，2012(2)：12-15.

[83] 徐艳虹. 我国海水养殖业向生态集约化转型的路径选择[J]. 中共青岛市委党校青岛行政学院学报，2013(1)：91-93.

[84] 杨鸣，等. 山东省沿海健康养殖带科技发展战略研究[J]. 海洋科学，2005(5)：17-22.

[85] 王玮，等. 水产标准化基础探讨[J]. 上海海洋大学学报，2010(5)：627-630.

[86] 卢昌彩，陈强. 渔业标准化建设的实践与思考[J]. 中国渔业质量与标准，2011(1)：22-26.

[87] 杨军，等. 宜昌市现代水产标准化健康养殖基地建设现状及发展前景探讨[J]. 湖北农业科学，2013(1)：147-151.

[88] 王立东，等. 建设出口水产品标准化示范区 推动海水养殖业健康持续发展[J]. 世界标准化与质量管理，2007(7)：24-26.

[89] 宋怿. 水产养殖标准体系建设与制度创新[J]. 中国水产，2009(11)：11-12.

[90] 方平. 海水养殖业发展的国外经验与启示[J]. 中国农业信息，2012(7)：7-9.

[91] 葛欣，张小栓，傅泽田. 前台渔业产业化中的政府行为[J]中国水产，2002(3)：24-25.

[92] 刘洪滨，孙丽，齐俊婷，杨凤丽. 中韩两国海洋渔业管理政策的比较研究[J]. 太平洋学报，2007(12)：69-77.

[93] 唐议，邹伟红. 海洋渔业对海洋生态系统的影响极其管理的探讨[J]. 海洋科学，2009(3)：65-70.

[94] 卢昆. 基于粮食安全视角的海水养殖业发展政策研究[J]. 东岳论丛，2011(6)：167-172.

[95] Steven J Cooke，Ian G Cowx. The role of recreational fishing in global fish crises[J]. BioScience，2004(9)：857.

[96] Felicia C Coleman，Will F Figueim，Jefrey S Ueland，LaiTy B Crowder. The Impact of United States Recreational Fisheries

on Marine Fish Populations[J]. Science,2004,(692):1958-1960.

[97] Gary W Henry,Jeremy M Lyle. The National Recreational and Indigenous Fishing Survey,Canberra: Australian Government Department of Agriculture[J]. Fisheries and Forestry. 2003,13.

[98] OECD, Environmentally Harmful Subsidies: Policy Issues and Challenges. OECD, Paris, 2003.

[99] Clark C W. Profit Maximinization and the Extinction of Animal Species[J]. Journal of Political Economy. 1973,81(8):950-960.

[100] Gordon H Scott. The Economic Theory of a Common-Property Resource: The Fishery[J]. Journal of Political Economy. 1954,62(4):124-142.

[101] FAO. Report of the Third adhoc Meeting of Intergovernmental Organizations on Work Programmes Related to Subsidies in Fisheries. FAO Fisheries Report No. 719. Rome, 2003(7): 23-25.

[102] 李大海,潘克厚,韩立民. 我国海水养殖业的发展历程[J]. 中国渔业经济,2005(6):11-13.

[103] 国家海洋信息中心. 2009 年中国海洋环境质量公报[J]. 中国海洋环境质量公报,2010(3):1-12.

[104] 杨卫华,高会旺. 胶州湾扇贝养殖对海域环境影响的初步研究[J]. 海洋湖沼通报,2007(2):86-93.

[105] 杨逸萍,王增焕,孙建,等. 养殖虾池主要化学因子变化规律和氮的收支[J]. 海洋科学,1999(1):15-17.

[106] 张壮志,孙磊,常维山. 水体富营养化中的氮素污染及生物防治技术研究现状[J]. 山西农业科学,2008(6):13-15.

[107] 黄甫,蒋鸿标.加快广东海水养殖业可持续发展的对策[J].安徽农业科学,2007(15):4551-4553.

[108] 王国平,张效莉.我国沿海渔业的社会经济效应指标体系研究[J].山西农业科学,2009(11):54-57.

[109] 付康康.论排污权交易制度在我国的实践[C].中国环境科学学会学术年会优秀论文集.北京:中国环境科学出版社,2008:1778-1881.

[110] 谢凤行,赵玉洁.几种微生态制剂在水产养殖中的研究进展和展望[J].天津农业科学,2006(4):18-21.

[111] 王清印,李健.海水养殖优良品种选育和引进的现状与发展战略,2003(3):66-67.

[112] 邱虎,吕惠进.江苏盐城滨海湿地现状与保护对策研究[J].湖南农业科学.2010(11):58-61.

[113] 严长清,孙伟,陆效平,等.江苏省沿海滩涂土地利用与生态保护研究[J].生态科学,2007(3):263-268.

[114] 夏锦霞,杨东,马明,等.滨海湿地生态系统保护利用研究——以江苏盐城为例[J].海洋环境科学,2010(4):120-126.

[115] 任美愕.江苏海岸带和海涂资源综合调查报告[M].北京:海洋出版社,2012.

[116] 丁晶晶,王磊,季永华,等.江苏省盐城海岸带湿地景观格局变化研究[J].湿地科学,2009(3):202-207.

[117] 陈洪全.江苏沿海湿地旅游资源的开发与保护[J].盐城师范学院学报(人文社会科学版),2004(3):99-102.

[118] 钱春茂,徐皓.深水抗风浪网箱的应用与改进[J].渔业现代化,2003(6):28-31.

[119] 徐君卓.深水抗风浪网箱养鱼技术[J].科学养鱼,2004(6):10-11.

[120] 郭根喜,陶启友. 我国深水网箱养殖技术及发展展望[J]. 科学养鱼,2004(9):10-11.

[121] 李祥木. 大型抗风浪深水网箱养鱼发展现状与趋势[J]. 现代渔业信息,2001(12):21-28.

[122] 蒋天水. 国外深水网箱养殖介绍. 中国水产,2001(11):54-56.

[123] 杨子江. 我国发展大型抗风浪深水网箱养鱼的规模经济问题[J],中国渔业经济:2001(6):28-29.

[124] 宋德敬. 我国抗风浪网箱现状及发展对策[J]. 海洋水产研究,2000(1):39-40.

[125] 徐君卓. 深水网箱养鱼[J]. 齐鲁渔业,2003(3):44-45.

[126] Paul A. Samuelson. The Pure Theory of Public Expenditure [J]. The Review of Economics and Statistics,1954(4):387-389.

[127] 杨志勇,张馨. 公共经济学[M]. 北京:清华大学出版社,2008:28-29.

[128] 傅秀梅,宋婷婷,戴桂林,王亚楠,鹿守本,管华诗,王长云. 山东海洋渔业资源问题分析及其可持续发展策略[J]. 海洋湖沼通报,2007(2):166-169.

[129] 贾欣,王淼. 海洋生态补偿机制的构建[J]. 中国渔业经济,2010(1):16-22.

[130] 王淼,段志霞. 关于建立海洋生态补偿机制的探讨[J]. 中国渔业经济,2008(3):12-15.

[131] 李敬伟. 北方海冰灾害亟须政策性扶持[N]. 中国保险报,2011-02-17(6).

[132] 任光超,杨德利. 海水养殖业灾害保障体制探索[J]. 山西农业科学,2011(6):605-615.

[133] 秦宏,刘国瑞. 建设“蓝色粮仓”的策略选择与保障措施[J].

中国海洋大学学报,2012(2):50-54.
[134] 王尔德.生态文明是超越工业文明的社会文明形态[N].21世纪经济报道,2012-10-09(9).
[135] 张福绥.近现代中国水产养殖业发展回顾与展望[J].世界科技研究与发展,2003(3):5-13.
[136] 章玉兰.养殖与成本管理的关系[J].科学养鱼,2013(12):33.
[137] 潘克厚,孙吉亭,陈大刚.海水养殖业向高新技术产业转变之探讨[J].海洋水产研究,2002(4):71-75.
[138] 王岩.海水池塘养殖模式优化:概念、原理与方法[J].水产学报,2004(5):568-572.
[139] 苏群,陈智娟.水产养殖的生产经营状况及成本收益分析[J].江苏农业科学,2008(3):1-4.
[140] 赵永峰.海水健康养殖新模式[J]科学养鱼,2009(1):4-5.
[141] 钱春茂,徐皓.深水抗风浪网箱的应用与改进[J].渔业现代化,2003(6):28-31.
[142] 徐君卓.深水抗风浪网箱养鱼技术[J].科学养鱼,2004(6):10-11.
[143] 郭根喜,陶启友.我国深水网箱养殖技术及发展展望[J].科学养鱼,2004(9):10-11.
[144] 蒋天水,国外深水网箱养殖介绍[J].中国水产,2001(11):54-56.
[145] 宋德敬.我国抗风浪网箱现状及发展对策[J].海洋水产研究,2000(1):39-40.
[146] 徐君卓.海水网箱养殖综述[J].中国水产,2001(8):56-57.
[147] 林培振.浅议深水抗风浪大网箱的养殖效果[J].水产科学,2003(3):33-38.
[148] 常抗美.大型深水抗风浪网箱的发展现状和鱼类养殖技术

[J].浙江海洋学院学报,2002(4):369-373.

[149] 吴子岳,范狄庆.深水网箱的发展现状与方向[J].水产科学,2004(1):14-18.

[150] 黄滨,关长涛,林德芳,等.我国深海抗风浪网箱发展中存在的问题[J].渔业现代化,2004(4):34-35.

[151] 何丰,朱威.我国海水鱼类网箱养殖现状及建议[J].中国渔业经济,2002(4):39-40.

[152] 李纯厚.我国海水网箱养殖可持续发展对策初步研究[J].湛江海洋大学学报,2001(2):72-76.

后 记

本书是在我博士学位论文的基础上修改而成的。本书能够出版，凝聚着我的导师中国海洋大学管理学院院长、教授权锡鉴博士的心血，特别是在博士论文和本书的写作过程中，权老师提供了宝贵的学术思路和学术指导，为我顺利完成本书提供了极大的帮助与支持。权老师渊博的知识、科学严谨的治学态度和高尚的品格深深地影响着我，使我终生受益。在中国海洋大学管理学院攻读博士学位的学习和研究过程，为我今后提升学习、工作和生活质量奠定了重要的理论和思想基础，这是一段让我终生难忘的时光。感谢权老师在百忙之中为本书作序。

在攻读博士学位的三年学习时间里，我的父母自始至终对我的选择持支持态度，正是因为他们的鼓励和支持，才让我没有后顾之忧，让我拥有充分的个人空间与时间，可以专心完成博士论文和学业。同时，也要感谢我的同学，他们的学习态度、创新精神和友爱精神，为我提供了有力的激励和良好的学习环境。

另外，在调研过程中，山东省海洋与渔业厅、青岛市档案馆、中国海洋大学图书馆、中国海洋大学档案馆等部门给我提供了方便和帮助，在这里也一并表示感谢。

王大海

2014 年 6 月 20 日